●シリーズ 福祉に生きる

64

小林運平《こばやしうんぺい》／近藤兼市《こんどうけんいち》

佐藤忠道／著

おおぞらしゃ
大空社

お読みになる人へ

〝福祉は「人」なり〟という言葉があります。この言葉は、福祉を職業とする者、またボランティアとして活動する者、さらに市民として福祉を担い、同時に主権者として福祉を考えるものにとって、重要なポイントとなります。その「人」、とりわけ多くの先駆者、先輩から、私たちは自らの在り方をしっかりと学ぶ必要がありまず。しかし今まで福祉を築いた人々については、余り知られてきませんでした。とくに地方の人々については、とらえられることがほとんどありませんでした。著名な人でも、その人の人生の中で、なぜ、福祉が実践され、どのような想いで展開されたかについては、深く探究されたことは少なかったのです。それは福祉を学ぶ者、また福祉を願う者、福祉をうちたてる者にとって、さらに国民全体にとって不幸なことでした。

このシリーズは、以上のような状況に対し、新しい地平をきりひらくため、積極的に福祉の先駆者、先輩の伝記を改めて探究し、書きおろしたものです。

是非、多くの人々が手にされ、しっかりと読んでいただけることを、願ってやみません。

一番ヶ瀬　康子

目次

近藤兼市

はじめに

この本では、明治、大正時代に師範学校を卒業した二人の小学校訓導が、障害児と出会ってからの盲唖学校づくりと卒業生の自立的な生活をさがし求めた姿を追った。公的な財政支援がきわめて乏しい中、学校運営資金を確保するために幾多の辛酸をなめても、鋼《はがね》のような信念と崇高な人間愛に根ざした二人の訓導の事績をまとめた。訓導とは、いまの教諭と同等の職名である。

明治維新政府は、明治四年に教育行政を統括する役所として文部省を設置した。翌年には「学制」を発布して近代学校制度を示し、まず小学校の設立に力を注ぐとともに、新しい時代の小学校教員を養成する師範学校の整備を進めた。当初は、小学校への就学率が三〇~四〇%台で低迷したために、文部省は義務教育を実施するなどの工夫をかさねた結果、就学率は徐々に向上して、三〇年後には九〇%を超えるほどに普及した。

ところが、目が見えない、耳が聞こえない、自力で移動できない、知的発達に遅れのある子どもたちは、六歳になっても就学猶予・免除の対象として義務教育の枠外におかれ、その多くは保護や救済の対象と見なされた。全国各地には篤志家によって私立の盲唖学校が開かれ、家庭内で放置されていた盲唖児の一部に教育を受けさせていた。

小林運平《うんぺい》訓導は、秋田県の小学校に勤務したあと、新開地北海道での教育をこころざして津軽海峡を渡った。そして、小樽の量徳《りょうとく》尋常高等小学校で聾唖児と出会ったことがきっかけとなって、明治三九年に彼らを収容・教育するために、私財を投じて寄宿舎機能をもった小樽盲唖学校を開校した。同時に、道内の盲聾唖児実態調査を実施したり、市町村長に盲聾唖児の入学勧誘を依頼したりして盲唖教育の普及にとりくんだ。

未開拓の分野に挑む者の宿命として財政的な課題に直面するものの、理解者を増やしながらとりくんだ。とりわけ学校運営資金の原資として市民に浄財を求めた賛助員制度を立ち上げたり、商業活動の中心地小樽で経済的支援を要請した。また、教育先進校である国立の東京盲学校・東京聾唖学校で最新の指導方法や盲唖学校開設について直接相談するなど、課題解決に向けて精力的に動いた。

病を得た小林が大正五年に五〇歳で病没するまでの後半生を中心にして、多くの理解者を得ながら盲聾唖児の救済や教育に情熱をかたむけた足跡をたどった。

大正の末までに函館、小樽、旭川には盲唖学校が開かれていたが、道庁所在地札幌では一時的な盲児教育の試みが消滅したあと、障害児の救済・教育にとりくむ者が現れず、大正一四年に札幌区立豊水《ほうすい》尋常高等小学校の近藤兼市《けんいち》訓導が北海吃音矯正学院を開くまで待たなければならなかった。近藤は、大正一四年に吃音児・聾唖児の指導に専念するために訓導を辞し、昭和二年に札幌盲唖学校を開校した。その四年後には新校舎を建て、職業訓練施設「大日本聾唖実業社」を併設して本格的な盲唖教育をめざしたが、このころから慢性的な学校運営資金不足に悩まされた。卒業生の自立を目ざして、釧路近くの塘路《とうろ》湖畔に「聾唖職業研究所」（昭和一六年）を開いたり、帯広近くの御影《みかげ》村に原野を得て「北海道聾唖農志塾」（同一八年）を開いたりして、一貫して卒業した盲聾唖者の自立の道を求めた。

しかし、逼迫した財政面は建て直しの見通しがつかなくなり、太平洋戦争末期には校舎を売却して御影村に移転することにした。昭和二二年、失意のうちに御影村で五〇歳で病没したが、近藤が御影村でまいた種は、戦後、この地域で身体障害者や知的障害者の社会福祉施設として発展している。

また、明治期の初等教育事情を文部省が示した廃人学校（明治五年）から盲学校・聾学校義務制施行（昭和二三年）までの学校制度における障害児処遇の経過を概観してみた。盲学校・聾学校の義務制を施行した昭和二三年以降は、養護学校とともに障害種別ごとの学校として整備され、約六〇年が経過した。平成一九年からは障害種別にとらわれない特別支援学校制度がはじまり、各地では試行的なとりくみが重ねられている。戦前期、小樽盲唖学校と札幌盲唖学校において、同一校舎内で盲児、聾唖児、重複障害児の教育に素手で立ちむかい、障害児に対する偏見や差別意識に正面から向きあった二人の先達の教育観、障害感にせまってみたい。

表記について

本文、引用文とも、原則として新漢字新かなを使い、適宜ルビを付しました。

小林　運平

明治40年ころの小林運平

第一章　秋田から北海道へ

小林運平は秋田の人である。

慶応元年（一八六五）六月四日、久保田藩士小林主鈴・チヨの四男として、羽後国北秋田郡大館《おおだて》町において誕生した。父は久保田藩弓術師範を務め、幕末には銃砲術師範も兼ねた。

小林が三歳のとき、秋田庄内戊辰戦争で父主鈴が戦死したため、子育ては母チヨの双肩にかかった。母チヨは、自身の故郷北秋田郡阿仁《あに》町に移って、働きながら小林と長兄、長姉、次姉を育てた。なお、次兄、三兄は夭折《ようせつ》している。

阿仁町は、江戸時代前期に開坑されたといわれる阿仁鉱山を中心として発展し、とくに一七世紀後半から八世紀初頭にかけて繁栄期を迎えた。阿仁鉱山は維新政府により秋田県庁直営をへて官営となったが、鉱山関係者をはじめ多くの人間往来があり、学問・教育に関する意識の高い地域でもあった。

1 大館尋常小学校で職場結婚

小林運平は、長じて明治一五年（一八八二）七月に秋田師範学校小学師範学科（修業年限二年）を卒業し、九月に故郷の北秋田郡銀山小学校に赴任して教員生活のスタートを切った。一七歳になったばかりの小林は教員嘱託として初任給九円を受けた。翌年五月には三等訓導になり、明治二〇年に訓導として任ぜられ、月俸一四円が給された。

明治二二年、小林は北秋田郡大館尋常小学校に転勤となった。その翌年四月に赴任したのが新人訓導の渡邉千代（一八六九〜一九六三）である。師範学校を卒業したばかりの千代が、子どもの行動や授業のすすめ方にまつわる日々の悩みを小林に相談するうちに二人の交際がはじまり、同年一〇月二日に結婚した。

渡邉千代は、明治二年（一八六九）一二月六日に渡邉正民・イチの次女として秋田で生まれた。父正民は久保田藩の家老職にあった。曾祖母は国学者平田篤胤の妹にあたる。長じて同一六年秋田県女子師範学校に入学した千代は、「女子師範女傑十三人衆」と称され、明治天皇行幸の折に御前で唱歌を披露したという逸話がある。同一八年に卒業したあと、秋田県師範学校女子養成部を経て秋田県尋常師範学校に入学した。同二三年（一八九〇）三月に同校を卒業した。

北海道に渡ったあとも小林とともに初等教育に従事し、市来知《いちきしり》、寿都《すっつ》、一已《いちやん》の小学校をへて、同三三年四月に小樽区量徳尋常高等小学校、同年五月に札幌女子尋常小学校、同四一年に小樽区潮見台尋常小学校に異動した。同四三年八月には庁立小樽高等女学校教諭に転出し、大正一五年四月に五七歳で同校を退職し、教職生活を終えた。北海道に渡るときや小樽盲唖学校を開校するときには、配偶者あるいは初等教育者として小林の相談によくのり、その決断を支えた。八人の子どもたちを育て上げたが、小林が盲唖学校の給料全額を学校経営につぎこんだこともあり、小学校訓導、高等女学校教諭として家計を支えた。昭和三八年（一九六三）一二月二〇日、小林との思い出の地小樽で逝去した（享年九四）。

2　秋田を離れるまで

小林運平は、大館町における小学校教育の普及や振興充実のリーダーだった。

小林は、明治二五年（一八九二）五月、大館町学務委員に選ばれた。学務委員とは、教育事務に関する市町村長の補助機関で、その候補者は住民の選挙で選ばれ、そのなかから府知事県令が見識や人格などの視点で選任するものである。教育財産管理、就学督促、教員の任免や俸給の申請、就学猶予・免除などの事務を担当する役割が与えられていた。

小林は、大館尋常高等小学校を最後に秋田県での教員生活に終止符を打ち、北海道での小学校教育に従事するために津軽海峡をわたる決心をした。しかしながら、小学校教員としての実践に確信をおぼえている時期に、大館の小学校を辞して北の大地で初等教育にとりくもうとした動機は伝えられていない。

深刻な教員不足に悩む北海道庁は、毎年道外に職員を派遣して教員募集をおこなっていた。道庁職員は秋田県内各地で開拓の進捗状況を説明しつつ、小学校建設と有資格教員採用の重要性を訴えてまわった。学務委員を務める小林は、当然その情報を耳にしたはずである。大館町の小学校教員として、また学務委員を務め、教育者の道を堅実に歩んでいた小林は、北海道での初等教育の基礎づくりに対して強い関心をもったと思われる。

北海道で最初の任地・市来知《いちきしり》には、一一歳年長の次姉ツキが住んでいたことがある。北秋田郡阿仁町育ちのツキと嫁ぎ先の新開地・市来知を結ぶ線は不明だが、前述したように阿仁町には阿仁鉱山があることから、ツキの配偶者が市来知近くの幌内炭坑などに鉱山技術者として赴任していた可能性もあろう。明治二六年ごろのツキは、市来知を離れて新潟に住んでいた。小林はツキから開校間もない市来知の小学校の開設状況や教員不足の事情を聞いたのかもしれない。いずれにせよ、小林は、開拓間もない新開地で学校教育に恵まれない子どもたちに強い関心を向けた。

小林は双方の親、兄弟姉妹とも相談した。秋田県広報協会発行「あきた」には、小林が進路に迷う教え子に与えたことば「男子いったん志を立てたら、死を覚悟でやるべきだ。」が紹介されている。小林は、この使命感にあふれたことばで周囲を説得したことであろう。もちろん妻千代も小林の決断を支えた。

3　大館から北海道への旅

このときの二つの辞令が残されている。

一つは、大館尋常高等小学校訓導の小林運平が明治二九年（一八九六）四月、北海道庁より北海道空知《そらち》郡市来知《いちきしり》尋常高等小学校に訓導として発令されたものである。もう一つは、妻千代が同年一一月、秋田県庁から北海道への出向を命じられた辞令である。

明治二九年三月、小林は妻千代と子ども二人の生活の場を整えるために、家族に先だって出立した。

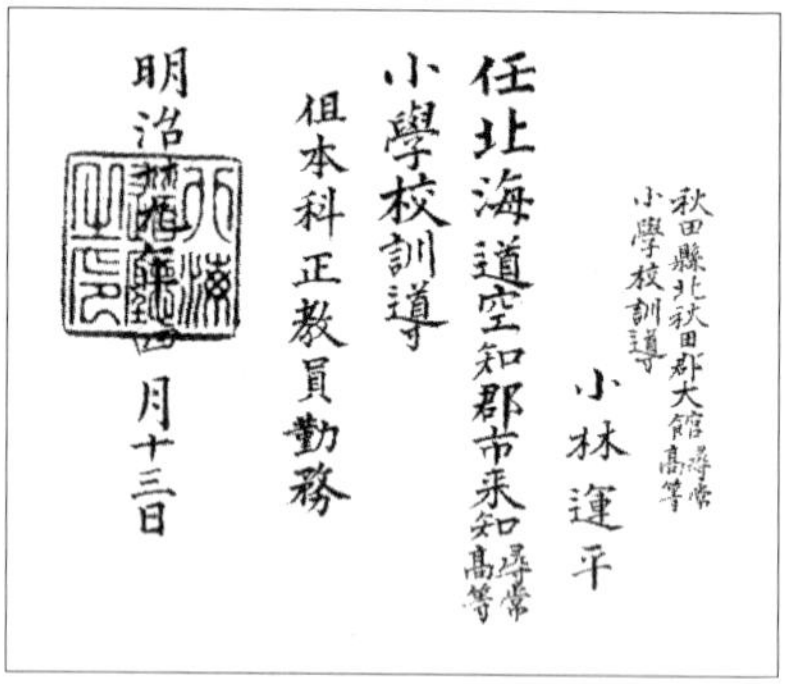
秋田縣北秋田郡大館尋常高等小學校訓導
小林運平
任北海道空知郡市来知尋常高等小學校訓導
但本科正教員勤務
明治[illegible]月十三日

北海道庁の辞令（明治29年4月）
（大館小学校から市来知小学校へ）

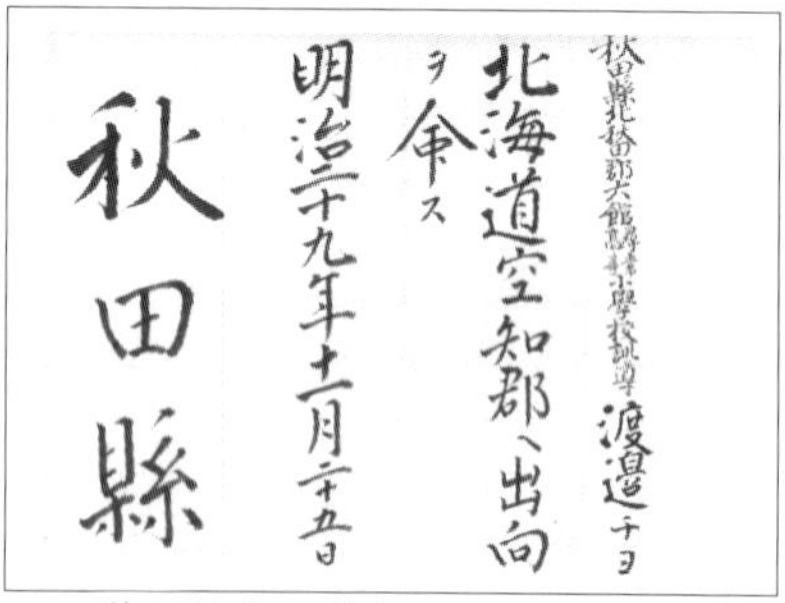
秋田縣北秋田郡大館尋常高等小學校訓導　渡邉千ヨ
北海道空知郡ヘ出向ヲ命ス
明治二十九年十一月二十五日
秋田縣

秋田県庁の辞令（明治29年11月）
（大館小学校から北海道空知郡へ）

市来知に着いて、家具調度の購入、食料の調達に目途をつけながら小学校での仕事に励んだ。その間、妻千代からの手紙で第三子の妊娠を知るという喜びの日もあった。
　夢中で過ごした一学期を終えて、ひと息つくことができた。最初の夏休みには、久保田藩弓術指南を務めた父主鈴の遺品のなかから選び抜いた指南書「日置《へき》流伝来大悟《たいご》之巻」を毛筆で書き写した。湿気がすくなくカラリとした涼風が吹く夏を楽しみながら、無聊《ぶりょう》をなぐさめようとしたか、あるいは望郷の念がつのったか、一万字を越える文に細密な絵を配した指南書をていねいに書き起こした。小林直筆の指南書は現在も小樽聾学校に保管されている。

小林はこのあと、勤務の都合で大館に残っている身重の妻千代を迎えに戻り、長女貞（五歳）、長男定信（三歳）をともなって市来知《いちきしり》に向かった。妻千代は、一一月二八日に市来知尋常高等小学校に正教員として着任し、再び同じ学校での勤務生活がはじまった。そして、一二月には次女淑が誕生した。

市来知は、小林夫婦の北海道における長い教員生活の振り出しとなった。

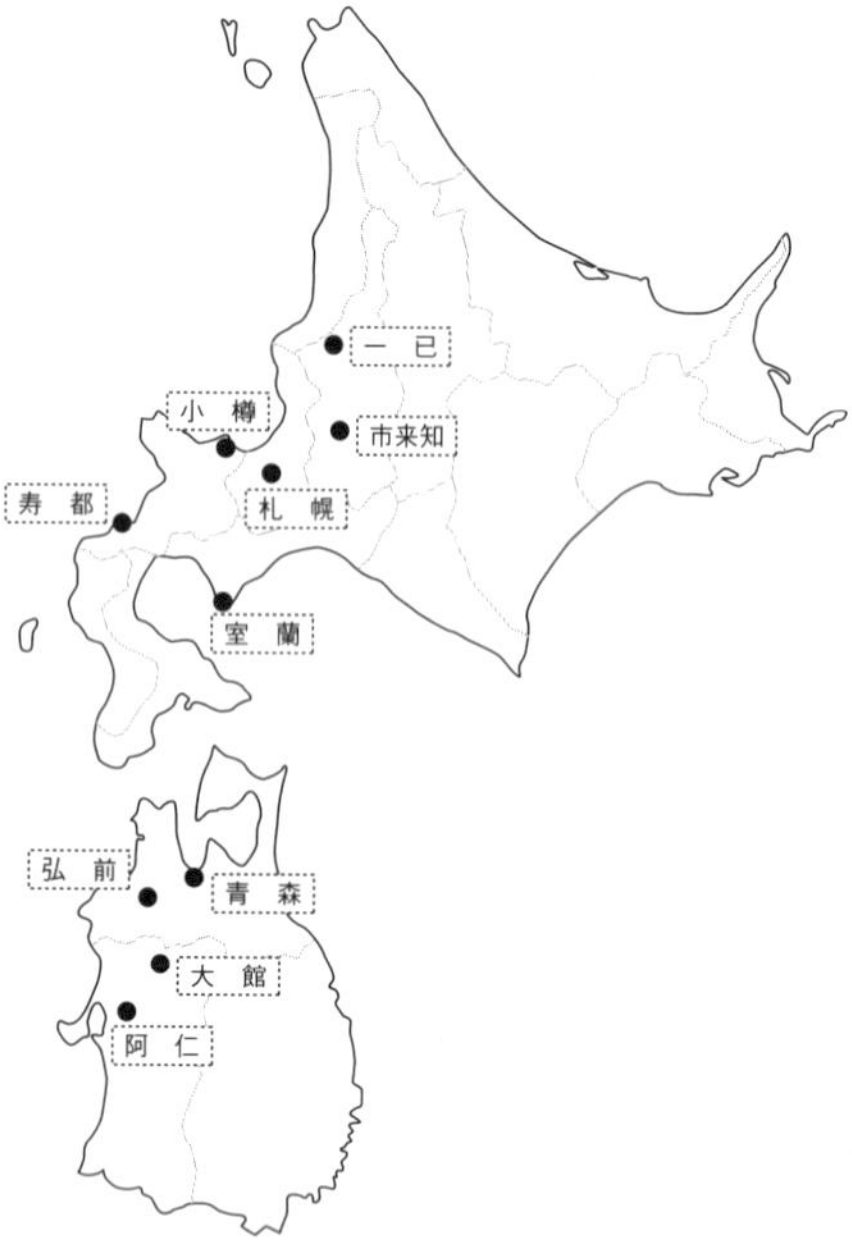

小林運平ゆかりの地

4　北海道で最初の任地・市来知《いちきしり》

小林運平が過ごした明治三〇年代の北海道における初等教育の普及についてて触れておきたい。

国策としてすすめられた北海道開拓は、東北、北陸出身者をはじめ全国各地から団体や個人の移住者によって支えられた。その当初は沿岸部中心の入植だったが、明治三〇年ごろになると、道路の開削工事の進捗によって内陸地への入植が著しく増加していった。

内陸地に入植すると、巨木の原生林と密生する熊笹に対してマサカリとノコギリ、鍬だけでとりくまなければならない。種まき時期の遅れは食糧を失うことにつながるので、家族総出の激しい労働がつづけられた。この状況では子どもも貴重な労働力として動員され、教育はおざなりにされることが多かった。その一方で、学制公布後の早い時期から開かれた沿岸部や教育に対する意識の高い集団が入植していた土地では、早々に教育機関を開設し整備していた。

このように初期の小学校教育は一律に普及することはなく、なかでも教員の確保、とりわけ有資格教員を得ることがどの地域でも深刻な問題だった。

小林一家がはいった空知郡市来知は内陸部に位置し、現在の三笠市に含まれる。

明治一五年に空知集治監《しゅうじかん》が市来知に設置された。いまの刑務所にあたる集治監の職員や生活関連の商売をおこなう業者が定住するようになり人口も増加した。また、国内有数の炭山を有する幌内《ほろない》、幾春別《いくしゅんべつ》を含めて地域経済は活発だった。

それにともなって学齢児も増えたことから、明治一九年の小学校令では、就学率向上を図るために、その土地の事情によっては小学校簡易科をもって尋常小学科に代えることができるものとした。同二〇年に北海道庁は、そのほとんどを小学校簡易科に指定した。簡易科では指導内容を身近な内容のみとし、授業時間を短縮したばかりか、冬期間のみの通学も認めた。この方針は、道外の教育事情を知る官吏が多く、学校教育への期待がたかい市来知ではきわめて不評だった。

そこで明治二四年に、尋常科四年、高等科四年の公立小学校の認可を受けて市来知尋常高等小学校が開校した。このときの児童数は尋常科七八人、高等科二七人だった。（詳細は『新三笠市史』を参照）
簡易科小学校でさえも設立が困難な地方がある一方では、市来知のように高い水準の学校教育を求めている土地もあり、その格差は大きかった。市来知地区の住民は、開校間もない市来知尋常高等小学校の教育水準を向上させるために、正規の教員免許状をもつ人物を求めていた。
このような時期に小林夫婦が着任した。

5　短期間異動のくりかえし

市来知ではわずか一年間の教員生活だった。このあとも短期間で異動をくりかえしている。明治三〇年（一八九七）六月には、小林運平と妻千代が寿都《すっつ》郡寿都尋常高等小学校訓導に任ぜられたが、わずか一か月間で終わり、七月一五日には現在の深川市にある雨竜郡一已《いちやん》尋常高等小学校開校と同時に、小林と妻千代が訓導として転じて、八月三一日には一已尋常高等小学校の訓導兼校長の辞令を受けた。

深川市史によると、この地区は屯田兵の移住によって開拓され、明治三〇年には一已尋常高等小学校を新築開校した。北空知唯一の高等科設置校で、児童数は尋常科二五六人、高等科四二人だった。子どもは深川、秩父別、幌加内からも通学しており、ここも教育熱心な土地柄だった。

教員は小林夫婦のほかに二人の訓導がいたが、夫婦は地域住民の期待を背に受けながら、力を合わせて開拓地の小学校教育の基礎づくりに励んだ。しかし、過酷な開拓生活の影響を受けて十分な授業時間を提供されないばかりか、通学さえ困難な子どももいた。小林は、開拓地にいる子どもが思うように登校できない状況を見ては自身の非力さを嘆くとともに、多くの子どもたちに初等教育の恩恵を与えたいという使命感をもつようになった。

一已小学校に一年二か月間勤務したあと、明治三一年九月に小林夫婦はそろって小樽区立量徳尋常高等小学校訓導として赴任した。

一年六か月後の同三三年四月には、妻千代が量徳女子尋常高等小学校訓導に移った。小樽区には、不就学児や通学日数が極端にすくない子どもが多くいて教育問題になっていた。量徳尋常高等小学校には、教育が行きとどかなかった女児のために女子部が設けられていて、それが分離独立したばかりの量徳女子尋常高等小学校に転勤となった。

五月一日には小林が、明治四年開校の資生館を前身とする札幌区立創成高等小学校に異動した。五月二四日には、妻千代が四人の子どもをともなって、札幌女子高等小学校兼札幌女子尋常小学校の訓導として赴任した。

このように短いところでは一か月、長いところでも一年七か月という短期間で異動している。この当時、小学校本科正教員は教員のなかでもっとも俸給が高く、しかも道庁による教員募集に応じた者はさらに厚遇されている。市町村が支給する場合に、その負担が過重になって遅配が生じたという記録はあるが、小林夫婦のめまぐるしい異動にこれが該当するかどうかは定かでない。

第二章　小樽区立量徳尋常高等小学校の時代

小樽は、明治から大正にかけて北海道でもっとも盛んな経済都市に成長した。明治三九年に南樺太が日本領となり、資源開発のために樺太庁が設置され、小樽は樺太の物資移出入の基地となり、生活物資はもとより漁業、林業、鉱業の資材、さらに樺太に向かう船の燃料の石炭や航海中の生活用品の積みこみも小樽港でおこなったため、港内はいつも大小の貨客船が出入りしていた。盛んな経済活動は小樽市街地のにぎわいに結びついた。

量徳尋常高等小学校は小樽最古の学校である。学制公布にともない明治六年に小樽郡郷学所《ごうがくしょ》として発足し、明治一〇年に郡内にあった私塾などを合併して量徳学校となった。同二〇年には小樽量徳尋常小学校となり、翌年に高等科を併置して量徳尋常高等小学校（以下、量徳小学校という）と改称した。

小林運平は、二度にわたって量徳小学校に勤務している。一度目は明治三一年（一八九八）九月から一年七か月間、二度目は同三五年（一九〇二）六月から七年九か月間で、じっくりと腰をすえることになった。

一度目のとき、明治三一年に道庁視学だった住吉貞之進《ていのしん》（一八五二〜一九一三）が校長に着任した。住吉貞之進は、嘉永五年に会津藩の朱子学師範の長男として生まれた。戊申の役で白虎隊に参加したが一命を取りとめたという。明治九年に新潟師範学校小学師範学科を卒業後、新潟・埼玉師範学校をへて明治一三年に福島師範学校附属小学校へ赴任した。このときに体操伝習所や東京音楽学校に派遣されて指導法を学んだ。各地の教育事情にも通じていた。同二三年から福島県若松小学校長として勤めたあと、同三〇年に道庁視学となり、同三一年から大正二年まで一五年間量徳小学校長を務めた。小樽のみならず全道の初等教育の基礎を築くために活躍した名物校長である。

住吉は、小林の人柄と堅実な仕事ぶりを高く評価し、後述するように盲唖教育にとりくむ契機をつくった人物である。

1　三人の聾唖児が入学を希望

明治三五年、小林運平が三七歳になった六月、量徳小学校長住吉貞之進の招きで首席訓導として着任した。首席訓導はいまの教頭にあたり、学級担任のかたわら校内の仕事全般に目を配りながら校長を補佐する役割をもつ重要ポストである。量徳小学校は、同三四年一月に失火によって全焼したが、小林が赴任したときにはすでに新築校舎が完成していた。

小林運平が三人の聾唖児と出会った量徳尋常高等小学校
『小樽市立量徳小学校閉校記念誌 夢量徳』(平成24年) より

写真は、このときの校舎である。

二度目の量徳小学校は、妻千代の仕事（札幌女子尋常高等小学校訓導）の都合で単身赴任となった。そこで、信香町《のぶかちょう》にあった川島宅（いまの田中酒造㈱の一角）に下宿することにした。このあたりは量徳小学校の校区内にあり、小樽でもっとも早く市街地を形成した地域でもある。

量徳小学校の近くに住む三人の聾唖児とその父母らは、ふだんから共通の悩みを話し合っており、わが子の教育と将来に大きな不安を共有していた。いくら当事者だけで話し合っていても展望がなく、それぞれの子どもたちが学齢に達したことから、この子らの兄姉が通う量徳小学校に行って住吉校長に相談することにした。

明治三六年（一九〇三）四月に、三人の聾唖児とその父母らが一団となって校門をくぐった。正面玄関で裾のほこりを落とした父母らは、それぞれの子どもの手を引いて校長室にはいった。対応したのは住吉校長と小林首席訓導である。

父母らは、六歳になった聾唖児をかたわらに置きながら、住吉校長に入学許可を願い出た。三人の男の子は、はじめての校長室で、はじめてみる両親の真剣な表情と身ぶりに接し、小さな体を固くしながらその様子をみていた。

聾唖児の無邪気な行動を知った住吉校長は、父母らの訴えに激しく心を揺さぶられた。そして、盲児や聾唖児が放置されている状況を憂えるとともに、北海道でもっとも多い人口を擁する経済都市小樽に盲唖児を教育する施設の必要性を強く感じた。

そこで住吉校長は、小樽区役所の教育係や懇意にしている学務委員らと聾唖児の入学希望への対応策について相談をもちかけた。しかし、第三次小学校令（明治三三年）で聾唖児が就学免除・猶予の対象として明確に規定されていることから、教育係担当者もそれ以上のことを考慮する必要がなく、住吉校長が考えた聾唖児の特例入学の件は諦めざるを得なかった。

住吉校長は、小林首席訓導と聾唖児処遇にかかわる次善策をなんども協議したあと、小林に教務のかたわら聾唖児の指導方法を探ることを提案した。住吉は、日ごろのきめ細かな子ども理解と確かな指導力に加えて、秋田なまりのことばで父母の緊張を和らげながら対応している小林の力量を高く評価していた。

小林は、明治二五年当時務めていた大館町学務委員の業務のなかに就学免除・猶予事務があり、義務教育から除外されていた子どもたちの事情を思いおこしていた。校長室において真剣な眼差しで訴える父母らをみては、自分のことのように心を痛め、三人の子どもたちの無邪気な好奇心をみるにつけて心が静かに波打った。

そのような心もちは「思いやり」に似ているが、それよりもふかい惻《そく》隠《いん》の心が作用したものと思われる。いわば、相手の立場になってものごとを感じとる心の発露である。これは、新渡戸稲造が著した『武士道』において至高の徳目とされる「仁」、すなわち愛情、寛容、他者への同情、憐憫に通ずるものであろう。

社会的に処遇されていない聾唖児をみた小林は、住吉校長との出会いによってこの心もちが揺さぶられた。そして、盲唖教育の経験がまったくないことから困難をおぼえたものの、自分の教室に置いて聾唖児の行動を観察したい旨を住吉校長に願い出た。小林のことばを聞き、膝をたたいた住吉校長は、職員会議でこの件を議題にして全職員の共通認識を図ったのである。

2　下宿先の八畳間で指導開始

明くる明治三七年には、このことを知った四、五人の聾唖児の父母から指導を受けたいという声があがり、そのうちに一〇人ほどに増えた。増えるにつれて、年齢の異なる子どもたちを置く場所と指導にふさわしい環境をこしらえ設けることも必要になってきた。

それ以上に問題となったのは、聾唖児とかかわる時間の確保である。日中は首席訓導と学級担任としての仕事がある小林運平には、勤務を終えたあとの時間しかなかった。当初、放課後の教室を利用することも考えたが、同僚訓導の視線を気にすることなく聾唖児とかかわるために、自身が起居する部屋を使うことにした。前述したように川島宅二階に下宿し単身生活を送っていた小林は、大家に聾唖児が入学できない事情やその行動特徴を説明すると、すぐに了承を得ることができた。

五月一〇日、住吉校長の理解を得て、勤務終了後に八畳間の居室で、少人数による寺子屋のようなこぢんまりとした指導がはじまった。夕方から夜にかけての指導である。意思交換が困難な六、七歳児を相手に身近にある生活用具、本から切り抜いた絵札、カルタ、昔話絵本、カタカナ文字札を使ってことばの意味を知らせながら聾唖児との会話を試みた。また、挿し絵が多い「国語読本」「イエ・スシ読本」も教材にした。

体力のない子どもは注意力、集中力がつづきにくいことから、小林は表情豊かにほめたり、ふざけはじめる子どもにはこわい表情をつくって注意した。実際、大きな目でにらむと子どもたちはおとなしくなった。ささいなことであっても誇張した表情と身ぶりでほめると、意欲的な態度に結びつくことも多かった。注意ぶかく観察すると、これまで小学校で教えていた子どもと共通する点を数多く見つけ出すことができた。

3　伊澤修二談「吃音の矯正」の記事

小林運平は、明治二九年に市来知尋常高等小学校に着任した年の一〇月に、教育団体「北海道教育会」に入会した。同年の「北海道教育雑誌」第四八号の入会者欄には、「空知郡・小林運平」と紹介された。この会は、教育の普及を目的として行政担当者、師範学校教員、小学校教員、教育に関心のある地域の名望家などが一体となった組織であり、月刊機関誌「北海道教育雑誌」を発行していた。この機関誌は、文部省や道庁が示す教育行政、外国の教育思潮、道内における教育実践の紹介、会員情報などによって編集され、当時の教員や教育関係者の価値観と行動様式に影響を与えていた。

定期購読していた「北海道教育雑誌」（明治三六年九月発行）を読んでいるとき、「吃音の矯正」という記事が目に飛びこんできた。これは、伊澤修二《いさわしゅうじ》（一八五一〜一九一七）が主宰する楽石社《らくせきしゃ》における吃音《きつおん》矯正を紹介したもので、聾唖児の指導方法に悩んでいた小林は、およそ一八〇〇字の談話記事にとびついたと思われる。

「聾《ろう》」という聞こえない状態がつづくと、話しことばが身につかず、ひいては「唖《あ》」ということばを話せない状態を引きおこす。伊澤がアメリカ留学中に学んだ視話法（Visible Speech）は、発音に用いる器官（唇、舌、鼻など）の動きを記号であらわして、聾唖者に発音の仕方を教えようとする方法である。

この記事を読んだ小林は、子どもに手鏡をもたせ、自分の口の形と動きを見せた。五十音の発音からはじめ、単語・単文・文章の音読へと指導をすすめ、これに約束した手や指によるサインを加えて教えるという方法をとった。自宅での試行錯誤による指導が一年ほどつづくと、徐々に聾唖児の心理的、行動的な特性が理解できるようになった。さらに、子どもたちはしだいにカナ文字が読めるようになり、なかには発音要領の習得が早い子どもが現れ、かんたんな会話が成立するたびに感動をおぼえた。八畳間の居室にはすくない家具調度しかないとはいえ、五、六人の子どもがはいると階下への気遣いを含めて窮屈感は否めないが、そこには指導に熱中していく小林がいた。

明治三八年（一九〇五）七月九日、小林は、小樽教育会（明治二一年設立、量徳小学校内に事務局設置）の総集会で聾唖児指導の成果を報告した。三九年間身辺のできごとを記した『稲垣益穂《ますほ》日誌』（小樽市総合博物館）には、報告の様子が書きとめられている。この日誌によると、小林は聾唖児二人を壇上にあげて、一人にはカナ文字カードをみせ、大きな声で読ませた。もう一人はがけから落ちて頭部を打撲したために聴力を失った子どもで、簡単な会話ができる様子を見せたあとに君が代をうたわせた。二人の子どもの発音、会話、唱歌を聞いた者たちは、これまでの熱心な指導を想像し、深く感動したという。

4　楽石社《らくせきしゃ》と東京盲唖学校を訪ねる

小林運平は、明治四二年（一九〇九）一二月に『財団法人小樽盲唖学校概覧』（以下、概覧という）を発行し、その年の主な出来事、学則、盲生・唖生学年別学科課程、職員名簿、生徒名簿、卒業生名簿、財産一覧、寄付された浄財や物品などにかかわる概況を掲載した。とくに、後述の賛助員に登録した区民や寄付者の名簿を公開し、財団法人にかかわる歳入歳出の内容をこまかく記述して報告した。

勤務を終えてから聾唖児の指導にとりくむ小林のことは、小樽区民の間で徐々に知られるようになり、盲児の父母からも養育上の悩みやしつけに関する相談をもちかけられていた。これまでに全国各地で取組まれている私立盲唖学校を知っていた小林は、小樽にも同様に盲唖児のための学校の必要性を感じていた。その直接の契機は、概覧に書いた次の記事からうかがい知ることができる。

同月小林訓導は　東京市に出張を命ぜられたるを以て　主務の閑を利用して　伊澤修二及び東京盲唖学校に就き　盲唖教育の教示を受け　稍々《しょうしょう》其の趣味を解することを得たり。其の際東京盲唖学校長小西信八は　小樽区に対し盲唖学校の設立を勧められたれども　当時の事情之れを実行し難きものありしを以て　其の運び至らざりき。

明治三八年（一九〇五）七月に小樽区教育会で指導の成果を報告した直後、東京への出張を利用して東京市小石川区にある楽石社でおこなわれた視話法講習会に参加した。伊澤修二から直接視話法に関する伝習を受けたあとには、同じ小石川にあった東京盲唖学校を訪問した。そして、校長小西信八《のぶはち》（一八五一〜一九一七）、教員石川倉次《くらじ》（一八五四〜一九三八）に会って指導内容、方法を学んだ。このときに盲唖教育の特質に関する説明を受け、少しずつ盲唖教育のもっているおもしろさが分かるようになり、自分のすすむべき道に確信をもったようで、「稍々《しょうしょう》其の趣味を解することを得たり」と記した。

その際には、全国に盲唖学校開設を広めることを考えていた小西信八から、小樽区役所に対して盲唖学校を開設するように働きかけるように勧められている。小樽に戻った小林は、盲唖学校開設の青写真をえがいて住吉校長に相談したあと、区役所に陳情したものの壁は厚かったようである。

同年一二月二四日から翌年一月一〇日まで、妻千代の勤務している札幌区女子尋常高等小学校の一教室を借りて吃音矯正会を開き、一〇数名の希望者に対して指導したところ、良好な成績をあげることができたという記録がある。また、この期間の一日、自室で指導している聾唖児を教室に連れていき、子どもに字を読ませたり、また小林と会話する場面を公開し、二五人ほどの小学校の教員に聾唖児指導の可能性について啓蒙活動をおこなった。

他方、量徳小学校の同僚教員のなかには、盲唖児が就学猶予・免除の対象であるにもかかわらず、異常なほどの情熱をかたむけて聾唖児指導法を研究したり、その成果発表に時間を割いている小林の仕事ぶりに対していぶかしそうな視線を送る者がいた。これらの教員が住吉校長に善処方を申しいれていることを耳にしており、小林は学校内で微妙な立場にいることを自覚していた。

自宅での指導がすすむに従い、また聾唖児との人間的な触れあいを重ねるにつれて、この子らの底知れない魅力にひきこまれていった。また、迎えに来た父母が、指導のあとにこの日の出来事について説明を聞くたびに、小林への信頼感はいっそう強くなっていった。

このころの小林のなかには、

「この子らとて教育可能である！」

「義務教育から見放されている、これらの子どもたちを見捨てるわけにはいかない！」

「いまさら父母の信頼を裏切ることはしのびない…」

「だれも手をつけない盲唖教育という新しい世界で、自分の力を試してみよう！」

「男子いったん志を立てたら死ぬ覚悟でやる！」

という教育的な愛情と使命感がはっきりと芽生え、それを実現するための盲唖学校開設が具体化していったと思われる。

5　渾身の盲唖私塾々則

前述の東京盲唖学校を訪問した際に小西信八や石川倉次から、盲児と聾唖児の特性に合った科目の選択にかかわる考え方などを直接聞いた小林運平は、砂地に水がしみこむように盲唖学校経営の要諦を学びとって

盲唖私塾々則（私塾当時ノ塾則）

一　「普通の人にさえ教育の届かぬを況して」とは　道理ある言葉なれども　盲唖子弟とて棄てがたく　予が力の及ぶ限りは　教え試みんと思いて開きたれば　名けて（ママ）盲唖私塾という

二　盲生には点字、国語、算術を教え　唖生には発音、言語、読み方、書き方、綴り方、視話法、算術等を授け　之を了りたるものには其の時々に証明状を与う

三　予が塾は　月謝金を受けず

四　予が塾は　公務の余暇をもて教うる処なれば　時間も学年も確と定めねど　習う塾生は　ゆめ懈怠あるべからず

五　父兄は　予が塾を己が家庭と思い　毎月一二度は来り観らるべく　又父兄も相互に　親類同様の交わりをなさるべし

六　盲唖生に対し　同情を寄せらるる人には　皆予が友にして亦予が塾の賛助員なり

七　予が塾は　個人の寄附金を受けず　されども教具及び学用品の寄贈は　歓んで其の芳志を申し受くべし

八　予が塾は　節約利用を旨とし　自営の道を講ずべし

右塾則を定め　盲唖子弟に教うることを得るに至れるは　恩師伊澤修二先生　石川倉次先生及び東京盲唖学校長小西信八先生の賜なり　あわれ予が塾生よ　皆其の徳を思え

明治三十八年十月七日

小樽区信香町盲唖私塾にて
小林運平しるす

盲唖私塾々則　『小樽盲唖学校概覧』（明治42年）より

いった。同時に、東京盲唖学校の施設設備や子どもの様子を参観しながら、具体的な授業内容や方法を構想したものと思われる。

明治三八年（一九〇五）一〇月七日、盲唖学校の設立を想定し、自宅での「盲唖私塾」の開設を公言した。そして、盲児の指導も想定しながら自分の考えをまとめ、八項目の「盲唖私塾々則」を作成し、概覧の冒頭に記した。次に、小林が各

項目にこめた意図を読みといてみたい。

第一項は、小林の決意と盲児と聾唖児をいつくしむ心もちがよくあらわれている。

「『普通の人にさえ教育の届かぬを　況《ま》して』とは　道理ある言葉なれども…」というのは、小林が盲唖教育に踏みだすことを表明したとき、周囲の人々の驚きをあらわしたものである。障害のない子どもの教育でさえ十分に普及していない実態をあらわしている。明治三二年に小樽区制を実施した当時、区内外の学齢児童を収容するには学校がすくないことから、地域の教育関係者によって私立小学校が経営されていた。『小樽市史』（第三巻）によると、明治三四年度の小樽区立校九校における男女平均の就学率は八六％で、一〇〇〇人以上の不就学児がいた。翌年には八八％になったものの、全国平均九二％には及ばなかった。「普通の人にさえ教育の届かぬ」とは、一〇人に一人が不就学という状況を指したものであろう。

盲唖私塾で試行錯誤の指導をおこなううちに、聾唖児の潜在能力に対して確信を得たものの、これまでの小学校教育に対する愛着と未経験の分野に対する意欲との間で葛藤し、周囲に相談をもちかけると、ほとんどの人からは、

「一般の子どもの義務教育さえも十分に行きとどいていないというのに、なぜ盲唖教育にとりくもうとするのか、小林先生の考えには理解が及ばない。」

という反応だった。

小林はこれらの声に反論することもなく、気のおけない友人と会話を重ねるにつれて、

「そうは言うが、この子どもたちには会話する力がある。なんと言おうが、教育が可能な子どもなのだ。それに、自分にはこの子どもたちを見捨てることはできない。」

という考えを固めていった。

同時に、「予が力の及ぶ限りは…」には、障害児の指導にとりくむ決意があらわれ、「教え試みんと思いて…」からは、これまで知るすべがなかった盲唖児指導に対し、トライアルというよりも旺盛なチャレンジ精神をうかがうことができる。

第二項には、盲児と聾唖児に指導する内容として、読み・書き・そろばんをとおして生活に必要な基礎力を育てることを示すとともに、聾唖児には視話法による指導を示した。そして、毎学期末には修得状況に応じて学習証書を授与することにした。

第三項では「予が塾は月謝金を受けず」を掲げた。第三次小学校令（明治三三年）で、小学校教育では授業料を徴収しないことを定め、小樽や函館でも無料化を実施した。小林は、学校運営費には授業料収入を見こみたいものの、納入を義務づけた場合には入学する盲唖児を制限することになる危惧をもったであろう。この理念は、明治三九年に私立小樽盲唖学校を開校した後も継続し、「学則」でも「第一七条・本校は授業料を徴収せず」と定めた。

第四項に「…公務の余暇をもて教うる処なれば…」とあるが、量徳小学校の勤務終了後に指導することから、帰宅時間もまちまちであり、当然時間割を組むことはできなかった。また、対象とした子どもは、それまで教育を受けていないことから学齢を過ぎた者もおり、江戸時代の寺子屋同様に柔軟な個別対応が求められた。

第五項は父母に対する指針である。毎月必ず指導場面を親に見せて、子どもの変化を示すとともに、家庭でのかかわり方や家庭における聾唖児の望ましい位置づけを意識させることを意図したものであろう。

また、「…父兄も相互に親類同様の交わりをなさるべし」と示し、盲唖児をもつ親の複雑にわたる気持ちを安定させるために、当事者が当事者を支援するカウンセリング技法も垣間みることができる。

第六項では、義務教育から除外された盲唖児に対する理解や同情を求めているが、無理解や偏見を嘆いたものでもあろう。また、理解を示してくれる人はすべて信頼できる友人として、賛助員として盲唖教育に力を貸してほしいという心もちの発露である。

第七項の「…個人の寄附金を受けず　されども教具及び学用品の寄贈は歓んで其の芳志を受くべし」と、市民からの善意の寄付に対する考えが述べられている。個人的寄付は金銭ではなく物品で受けたいという趣旨は、こぢんまりとした下宿先での指導では、量徳小学校からの俸給でまかなえることから、教材になる物品を望んだのかもしれない。

第八項は第三、七項とも関連しているが、「予が塾は節約利用を旨とし　自営の道を講ずべし」からは、授業料を徴収しない私塾経営の多難さを覚悟しながらも、孤軍が出陣するような意気ごみがうかがえる。

末尾には、盲唖学校が開校できたのは、これまでに直接教えを受けた伊澤修二、石川倉次、小西信八のおかげであることを強調し、校内には三人の肖像写真を常掲したという。

各項目からは、盲唖児の教育に着手することを決心した高揚感とヒューマニズムが横溢し、読む者には小林の決心が伝わってくる。

第三章　私財を投じた小樽盲唖学校

明治三九年（一九〇六）三月、ふだんから小林運平の熱心な聾唖児指導に理解を示している福原資孝、村上三郎、丹内重兵衛らに盲唖学校開設にかかわる相談をもちかけると、彼らは即座に賛同した。小林の盲唖教育事業を支えつづけた三名の支援者を簡単に紹介したい。

福原資孝《すけたか》（一八六六〜不詳）は、秋田市出身で、旧制二高医学部卒業の内科医である。市来知に開所した空知集治監の医務所長として赴任した。このときに市来知小学校訓導小林との出会いの有無は不明である。札幌病院などに勤務後、小樽区山ノ上町で開業し、同志と計って私財を投じ共立小樽施療所を開設したが、これはのちの北海道社会事業協会病院の基礎となった。「医は仁術なり」を体現した篤行の医師で、後年小樽市医師会長や北海道医師会副会長などの要職についた。小林の一歳年上で常に同郷の小林の相談相手となった。

村上三郎（一八六七〜不詳）は松前に生まれ、長じて教員不足対策として開かれた小樽小学師範速成科にすすみ、卒業後は量徳小学校に勤務した。二歳年上の小林とは肝胆相照らす訓導仲間だった。同校訓導時代に、家計貧窮のために就学できず家事労働などに従事させられている子どものために、退職して私立開蒙尋常高等小学校を開いて一七年間校主として運営した。のちに小樽区立奥澤尋常小学校長として復帰した。とくに、紙、糸、粘土、麦わら、木、竹、金属などの材料を扱って簡単な技術を教える手工科指導の第一人者だった。この経験から、手工科の指導技術を生かして小樽盲唖学校技芸科嘱託として聾唖児を指導した。小林の志に共感して常に相談相手となり、財団法人小樽盲唖学校創立委員、商議員を務めた。

丹内重兵衛（生没年不詳）は、財団法人小樽盲唖学校創立委員を務め、特別賛助員として小林の事業のよき理解者として『小樽盲唖学校概覧』や『稲垣益穂日誌』になんども登場するが、人物に関する資料は残ってない。

1　待望の開校・住ノ江校舎

小林運平らは、盲唖学校を開設する運動として、校舎建築費と設備費を区民や事業所などから浄財をつのっていた。福原、村上、丹内らの協力もあって短期間のうちに八〇〇円ほど集まり、新築校舎の工事に目途がついたことから、土地の確保に奔走した。小樽区役所との交渉のなかで候補にあがった小樽区住ノ江町四十七番地の区有地一三二坪の貸付申

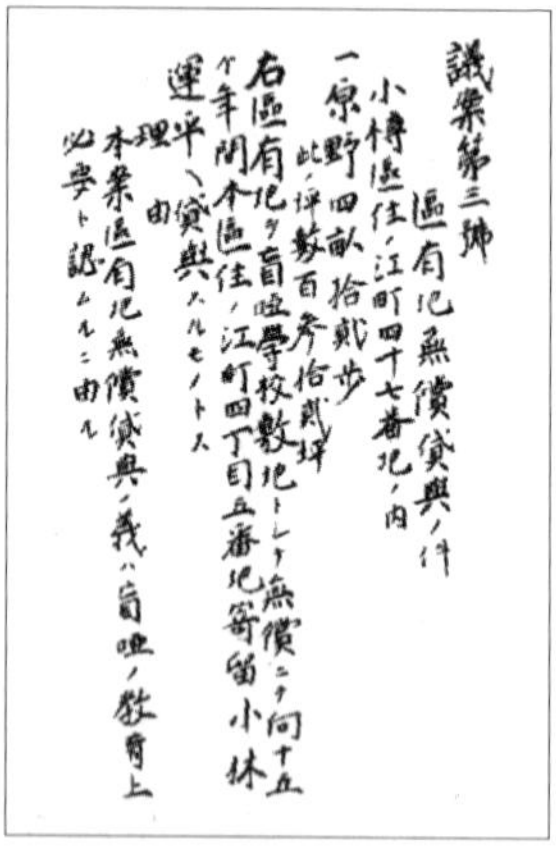

議案第三号
　区有地無償貸与ノ件
小樽区住ノ江町四十七番地ノ内
一　原野四畝拾弐歩
　此ノ坪数百参拾弐坪
右区有地ヲ　盲唖学校敷地トシテ　無償ニテ向十五
ケ年間　本区住ノ江町四丁目五番地寄留小林
運平ヘ貸与スルモノトス
　理由
　本案区有地無償貸与ノ義ハ　盲唖ノ教育上
必要ト認ムルニ由ル

小樽区会議案第三号・区有地無償貸与の件
「小樽区会議按集」（明治39年）より

請書をまとめた。

小樽区会では、上図にあるように、明治三九年四月づけで区有地の一五年間無償貸付を許可した。

明治三九年（一九〇六）五月七日に亜鉛葺《ぶき》平屋建て（三〇坪）の新築校舎が落成した。一九日には、北海道庁長官から私立盲唖学校設置の認可を得た。そして、六月三日に下宿先で指導した聾唖児一二名をもって唖生部として、小樽盲唖学校が開校した。

「北海道教育雑誌」（一六二号）によると、開校式では小樽区長の祝辞、道庁視学の説明のあとに、住吉貞之進（量徳小学校長）と稲垣益穂（稲穂小学校長）から小林の取り組みの経過や今後への期待をこめたあいさつがあった。式典の最後に指導の成果として聾唖児に答辞を読ませたり、手芸品などを陳列して来賓に披露したという。

『盲聾教育八十年史』（文部省）によると、全国では三四番目、北海道では、明治二八年開設の函館訓盲会、北盲学校（札幌）に次ぐ障害児教育施設である。なお、北盲学校は、明治三六年ごろに消滅したので、道央地区の関係者から待たれていた開校でもあった。

秋田県での最初の赴任校銀山小学校時代の教え子のなかに、小林の事業を理解して支援した庄司乙吉と中村忠蔵がいた。二人の教え子との交流は小林が亡くなるまでつづき、この人間的なふれあいを示す書簡が残されている。明治三八年に上京した小林は、この二人と会って盲唖教育に対する試みを話した。同三九年五月に教え子庄司乙吉にあてた手紙から、盲唖学校を開校する前後の考えと経過を知ることができる。

これは小樽盲唖学校開校の一か月前の手紙である。

偖《さて》小生事予《ことかね》て唖生両三名教育致居候処《いたしおりそうろうところ》　昨夏上京の際　多少の研究を加え　爾来校務の余暇　此事に従事致居候処　追々生徒数も殖《ふ》へ　下宿屋の楼上にては手狭を感じ候まま　何とか致度《いたしたく》苦心の末有志者の御同情に依り　小舎新築の事に立到り　先般工事に着手此度漸く落成仕候に付　本月十九日開校のまねごと致候都合に相成中候　学校と申候ても　僅か三十坪にて粗末の建物　且不相変小学校に奉職の余暇を依て従事致候事なれば　矢張一小私塾に過ぎざる事に御座候（中略）

昨年中村君に面会の節　種々御勧告せられ　遂に意を決し　此不幸者教育の事を依て　終生の楽と可致発心致候　誠に遅蒔きの発心御恥しき次第に御座候（後略）

ここでは短いことばながら、聾唖児との出会い、指導方法の研究、賛同者との応援を得た盲唖学校開校の決心、校舎の完成と開校式と行動の経過などを謙虚な表現で教え子に知らせた。そして、小学校訓導の業務の余暇におこなう指導であり、あくまでも小さな私塾に過ぎないと述べているが、「此の不幸者の教育を終生の楽しみとするべく、一念発起した」と、今後とも盲唖教育に携わっていく決意を伝えた。

ここで、小林の盲唖教育事業に共鳴し、恩師を支援しつづけた二人の教え子について簡単に触れたい。庄司乙吉《おときち》（一八七三〜一九四四）は、北秋田郡阿仁町で生まれた。阿仁町にある銀山小学校で出会った師小林の恩を忘れず、たびたび激励の手紙と寄付金を送ったりして恩師の事業を応援した。明治三〇年に東京高等商業学校卒後、大阪の大日本紡績連合会に就職し、昭和八年には東洋紡績社長となった。社長就任の前年、恩師小林の二五回忌、小樽盲唖学校創立三五周年にあたる同一七年にブロンズの胸像を恩師の学校に寄贈した。庄司が学業のために阿仁町から出奔した際、大館にいる小林を訪ねている。このとき小林は「男子いったん志をたてたら死を覚悟でやるべきだ」と諭した。小林を生涯の師と仰いだ。

中村忠蔵《ちゅうぞう》（一八七三〜一九四二）も北秋田郡で生まれ、銀山小学校で小林の教えを受けた。家が貧しかったため、卒業後は足尾銅山で一年間働いたが、病を得て帰郷した。中村の能力を評価していた小林は銀山小学校の補助教員にした。二二歳のときに東京遊学の夢をもち、庄司を頼って上京した。同志社を卒業後、伝道者として今治教会に赴任し、新島襄により按手礼を受けた。明治三六年にプリンストン神学校に留学した。同三七年に浅草教会牧師となった。中村は、盲唖教育に取り組もうとする恩師に対し、聖書の一節をひき出しながら、「障害者のために働くことこそライフワークにすべきです」と熱心に説いたという。

小樽区が小林に貸与した区有地は、小林が勤める量徳小学校から徒歩数分の場所にあった。セピア色に変色した写真から想像すると、外壁が下見板張りの校舎である。門からは一〇メートルほどの小石の道がつづき、手で上げ下げするハング窓が目立つ、当時としてはモダンな雰囲気をもっていた。校舎の庇《ひさし》の下には色とりどりの松葉牡丹が咲いていた。小樽盲・聾学校『五十周年記念誌』（一九五六年）では、ある卒業生が、「私は明治四三年に、いまの阿久津病院がある小樽盲唖学校に入学しました。せまい教室で小林先生が一人で生徒たちを教えておりました。」と、四六年前の様子を思い起こしている。

目の前にある住吉神社の例大祭は七月におこなわれ、多くの露天商が出てにぎわいを見せていた。この日を待ちわびた住民たちの人混みの中には、小林と子どもたちが連れだって軽業《かるわざ》、居合抜き、コマ回しを楽しんだり、美しい飴細工に驚きながら歩く姿があった。

かねてより盲児の入学も計画していた小林は、明治四〇年（一九〇七）一月に福原、村上、丹内に盲生部開設について相談し同意を得た。このとき、盲生部担当教員を採用する旨を小西信八（東京盲唖学校長）に伝え、推薦方を依頼した。

開校して九か月後の明治四〇年（一九〇七）三月三〇日には、第一回修業証書授与式をおこなった。「北海道教育雑誌」（一七一号）は「小樽盲唖学校修業証書授与式」と題して、証書を授与された盲唖児一一名の名前を掲載し、次のような紹介をしている。

土曜日の午後二時から行われた授与式には、小樽区内の小学校長、盲唖学校の支援者、保護者、新聞記者を含めて四〇人ほどが参加した。小林運平は授与式のなかで、これまでの指導の概要、視話法や盲児の読み書きの実験的指導について簡単に述べたあと、今後の展望として行政関係者や区民の協力を訴えたと思われる。また、吃音矯正の指導を受けた青年に祝文を朗読させたり、証書を受けとる聾唖児一人一人に「ありがとうございます」と言わせ、視話法による指導の成果が参加者や新聞記者にも伝わるように工夫した。小林は授与式の機会をとらえて、盲児、聾唖児、吃音児に対する指導の必要性について啓蒙を図ったものと思われる。

2　学校運営資金と財団法人化

明治四〇年には生徒数が漸増するにともない、随時受ける寄付金や小林運平自身の俸給を合わせても学校運営資金は不足していた。小林は、支援者の上田重良の発議により賛助員を募集し、その年会費で学校を運営することにした。

明治四一年（一九〇八）一二月には、小林は設立委員や篤志家とはかり、先につくった賛助員組織をもとにして、経営基盤をさらに強固にするために財団法人を設立することにした。基本金造成に努めた結果、一四〇余名の篤志者と出資金一七〇〇円を得て、商議員の選定その他の法的手つづきをとった。

財団法人は寄付された財産などが中心になって成立する法人で、集めた財産を盲唖教育の事業のために利用することができるうえに、地域社会からの信用度が増し、寄付行為を受けられやすいという特長がある。明治四二年（一九〇九）一月一日、財団法人設立の儀を文部大臣に出願し、五月六日に文部大臣の許可を得て財団法人となった。あわせて小樽盲唖学校寄付行為第十一条にもとづいて七名の商議員を選定し、小樽区裁判所に法人登録を申請した。そして五月二七日、財団法人小樽盲唖学校設立の経過を本校関係者、寄付者に報告し、六月三日の第三回開校記念式の際に財団法人認可披露式を挙行した。

このとき財団法人設立者である小林は、法人の基本金として五〇〇円、経費として一二〇円および建物二棟を寄付した。建物の内訳は、時価見積額六〇〇〇円の平屋建て校舎（三〇坪）で、建具と畳などの付属物も含めて校舎として利用した。また、時価三〇円の亜鉛葺平屋建て（三坪）は物置として利用した。文字どおり私財をなげうって盲唖教育にとりくんでいくことになった。

このとき、五人の子どもたちを含む小林一家の生活費には、札幌女子尋常小学校訓導を務める妻千代の俸給を充てて、量徳小学校訓導を務める小林の俸給全額は学校経営資金につぎこむことにした。

この直前の三月には、妻千代が小樽区潮見台尋常小学校に転勤となり、札幌にいた家族が小樽に来て同居することになり、約五年一〇か月の単身生活が解消した。

3　財団法人小樽盲唖学校学則の内容

小林運平による明治四二年改正の小樽盲唖学校学則の第一条の目的には、「本校は　瞽盲聾唖の子弟に普通の教育を施し　兼て独立自活に須要なる技芸を授くるを以て目的とす」と示した。瞽盲の「瞽《こ》」は、『大修館現代漢和辞典』（大修館書店）によると、「目の見えない人、めしい」とある。

義務教育の枠外に置かれた盲児・聾唖児に対して、障害特性を考慮しながら一般におこなわれている教科の指導を可能なかぎりおこなうことを掲げた。同時に、卒業後の自立を考えて技術を身につけさせ、在学中に一定の就業に対する意欲をたかめつつ確かな勤労観をもたせたいという意図である。なお、京都市立盲唖院規則（明治三五年改正）には、「本院は盲及聾唖に普通の教育を授け　兼て独立自活に須要なる技芸を教うるを以て目的とす」とあり、小林は、この文言にならって定めたものと思われる。このほかにも京都市立盲唖院や東京盲唖学校の規則を参考にしたあとが認められ、小林の情報収集の広さと確かさをうかがうことができる。

第二条には「教科は　普通科、技芸科の二とす」と掲げ、二つのコースを示した。普通科あるいは技芸科だけを学ぶ者はおよそ五年間とし、普通科と技芸科をつづけて学ぶ者はおよそ七年間とした。唖生技芸科では、絵画、裁縫、手工（紙細工・粘土細工・竹細工・針金細工・石膏細工・編み物・造花・刺繍）、提灯、木履《きぐつ》、靴という指導内容を用意した。

聾唖児の指導については明治三七年から経験していたものの、点字や歩行などの指導経験がまったくなかった。そこで、小西信八（東京盲唖学校長）の推薦があった同校教員練習科卒業生の小川大助を教員に採用した。盲生技芸科には、按摩、鍼治《しんじ》、音楽（琴・三弦・胡弓）の指導内容を用意した。

唖生部の国語科を「読み方・綴り方・話し方・書き方」の四領域に分

け、話し方は全学年で発音器官の構造と発音符号を扱い、発音法を重視している。このことに関して当時の「小樽新聞」（明治四四年八月二三日）には、「唖生に対する発音教授は、本校が重視している指導で、唖生部全員に課している。発音は日常生活に必須ということだけではなく、日常生活で声をいっさい出さないと、徐々に肺部機能を虚弱にし、ひいては身体発育の面にも大きな影響があらわれることを慮《おもんぱか》っているところである」と持論を熱く語っている。

4　小林運平の指導の様子

唖生部は、小林運平校長が唯一の専任教員となったほかに嘱託教員一人、嘱託講師一人（音楽、唱歌）、技芸科嘱託講師一人（製靴）の五人体制である。盲生部の指導陣は、先述の小川大助に普通科と技芸科を担当させ、嘱託講師三人（裁縫、和歌、音楽）と四人体制ですすめた。

小林は概覧（明治四三年）に「教授器械及び図書」についてくわしく記した。盲児対象の教材教具として日本訓盲点字、点字版、関節の運動を示す模型、凸字日本地図とすくなく、聾唖児対象の教具・図書のほうが多い。ここには、「教授用補聴器」が記録されているが、二〇世紀初頭にヨーロッパで電気式補聴器が発明されており、これが輸入された可能性は皆無ではないものの、おそらくホーン型の集音補聴器かチューブを用いた会話用の補聴器であろう。「硝子《ガラス》製舌おさえ」は、発音指導の際、緊張して盛り上がる子どもの舌をおさえて、正しい動きを意識させるときに用いたものであろう。また、発音指導に関する掛け図や図書が多いのも特徴である。

小林の指導場面に関する二つの記録がある。

明治四〇年（一九〇七）七月一二日、前記の稲垣益穂は量徳小学校での用務を終えて、昼すぎに盲唖学校を訪ねて授業を参観したときのことを「稲垣益穂日誌」に書きとめた。それによると、盲児の授業を見ることはできなかったが、小林による聾唖児の授業を見ることができた。参観者の視線を気にすることなく集中している発音練習のあと、この日の算術では足し算、引き算、かけ算の計算問題に取り組ませた。稲垣は計算力が予想以上に身についていることに驚いたようである。また、稲垣の禿頭《とくとう》をみつけた子どもがすかさずその状態を示した身ぶりをみて、稲垣と小林が笑いながら、思わず顔を見合わせるというほほえましいエピソードを記している。

大正三年（一九一四）二月一三日、郷土史家渡部義顕《よしあき》が小樽盲唖学校を参観したときの様子を『小樽区史』に書き残している。それによると、小林は昼休みの時間に渡部を唖生部の教室に案内した。そして黒板に、「札幌ノ渡部義顕《ヨシアキ》君　小樽区史編纂ノ為メ小樽に《ママ》御出デニナリ　早速此ノ学校生徒ノ状態ヲ参観トシテ　此処ニ　御出デニナラレタリ」と書き、これを三人の生徒に読ませたところ、正しい発音でなめらかに読むことができたという。また盲部の教室では、小林が女生徒に対して何か読んで聞かせるように指示すると、青森の母親にあてて書いた手紙を読みあげた。

盲部と唖生部の授業を参観した渡部は、生徒の読み書き能力の一端を紹介しながら、学習中の作法にまで指導意図が行きとどいている様子を活写している。小学校訓導経験二八年の熟達した指導力は、盲唖学校でも遺憾なく発揮されていたわけである。

5　全国に紹介された指導法

明治初期、京都盲唖院（明治一一年設立）では手勢法を中心とした指導のなかで発音を扱ったり、楽善会《らくぜんかい》訓盲院（同一三年設立）でも発音の指導があったが、いずれもごくかんたんに発音ができる程度のものだった。聾唖児の言語の指導は種々考案されたが、しだいに「手勢」を基礎とする手話方式が基調となった。

前述の伊澤修二は、聾唖児が話せるようになった指導事例や訓盲唖院教員小西信八に伝習して東京盲唖学校在籍の聾唖児が発音談話ができた事例をもっていたが、それは一部で知られている程度だった。

発音方式に関心が向けられた契機は、明治三一年（一八九八）一一月のアレクサンダー・グラハム・ベル（米）の日本訪問である。ベルは、東京盲唖学校における講演「聾児教育」で発音法、読唇法について説明した。このときの通訳は伊澤修二が務めた。ベルは最後に、わが国の聾唖教育の振興のためには、教員養成機関の設置、盲・聾唖教育の分離、各道府県に盲・聾唖学校の設置、盲聾唖教育啓蒙の協会設置、口話方式の採用、聾唖者の社会的地位の向上と社会の理解の必要性を強調した。

　手話・筆談中心の指導の行きづまりから口話学級を設けて発音発語を試みた学校もあったが、発音方式がほとんど広まっていない時期、小林運平が視話法を応用した指導は斬新なものに映った。明治四四年（一九一一）七月、東京盲学校で開かれた、世界初の聾唖学校設立者ド・レペ（仏）の誕生二百回記念会において、このとき貴族院議員の伊澤修二は祝辞のなかで小林の指導を紹介している。伊澤は、シャルル＝ミシェル・ド・レペ（仏）の手話方式とザムエル・ハイニッケ（独）の発音方式の論争に触れたあと、次のように述べた。（詳細は『東京教育大学附属聾学校の教育――その百年の歴史』を参照）

私の知っているところによると、全国中で発音法を主としている学校は唯《ただ》一校あるようで、即ち北海道の小樽の盲唖学校の小林運平という人が発音法を主としているだけである。その成績も見るべきものがあるということを視学官の方から曽《かつ》て承って居るが、私は親しく見たことがないので、ここではとうてい明確にどんな程度にまで進んでいるかを述べられないが、兎に角小林運平氏の小樽盲唖学校では発音法を主としていることを承っている。

この講演会の直前に東京盲学校で第三回全国盲唖教育大会が開かれ、その参加者のほとんどがこの講演を聞いた。つまり、伊澤は全国の盲唖教育関係者に小林の指導を紹介したわけだが、小林は八月に予定されている東宮行啓奉迎送の準備に忙殺されており、この講演を直接聞くことはなかった。

第四章　奥澤校舎の建築

小林運平が校長専任になる直前には、盲生八人、唖生一七人計二五人に増えた。三〇坪の建物には収容しきれなくなり、教室からはみ出して板の間の廊下に机を置く者もいたほどである。さらに寄宿生は、八畳間に十人ほど寝起きするという窮屈な生活が強いられた。新校舎建築は急を要した。

この窮状をみた特別賛助員の発案により、旧小樽支庁々舎を借り受けて、そこを学校に転用する計画を立てた。小樽区と協議のもとで北海道長官に申請したものの、すぐに却下された。

小林は、用地確保から校舎建設に至るまでの事務折衝の作業は開校のときに経験し、片手間仕事ではすすめられないことを知り尽くしており、盲唖学校経営に専念する時期を探っていた。

1　小学校訓導を辞し盲唖学校に専念

小林運平の私塾的指導の姿をみた支援者や理解者は、小樽区行政担当に対して、小樽区による盲唖学校開設を働きかけた。しかし小樽区としては、盲児・聾唖児の実数調査もなされてない状況で、小樽区単独の事業とするにはあまりにも財政負担のリスクが大きすぎることを理由にして尻ごみしたと思われる。あるいは、区役所内には、他府県の状況から盲唖学校の設置は道庁だとする主張もあったろう。

そこで小樽区は、小林には量徳小学校の訓導としての俸給を措置しつづけながら聾唖児指導を黙諾し、かつ校舎用地として区有地の無償貸与という配慮をしたと考えることができよう。

明治四三年（一九一〇）四月八日、小林が四四歳のとき、量徳小学校を辞し、盲唖学校の教育・経営に専念することにした。

勤続二七年、俸給四五円の公職を辞したあと、校長の俸給は財団法人からの教務手当二五円のみとなった。七人に増えた子どもを含む小林一家の生活は、妻千代と長女貞の収入に頼ることになった。小林は、妻千代と子どもたちの理解に支えられて盲唖教育に邁進していった。

小樽区は私立盲唖学校運営資金を補助するために、小林退職の翌年にあたる明治四四年度の予算書「第五款教育補助費」に「盲唖学校補助」の項を起こして一五〇円を措置した。補助金一五〇円は小樽盲唖学校歳入九四五円の約一六％にあたる。その後、大正二年に二〇〇円（歳入の一七％）に改定したあと、盲唖学校からの要請に応じて増額し、同一〇年に七〇〇円（同一八％）に、同一二年に一〇〇〇円（同一九％）に、昭和二年に一五〇〇〇円(同一七%)とした。

2 新校舎新築資金の捻出

明治四三年(一九一〇)七月に商議員会を開いて、より広い小樽区有地の貸付願いを提出する準備をはじめ、一一月の商議員会では校舎移転新築にかかわる寄付金募集の方法について協議した。

前述した賛助員組織では、特別賛助員は毎月一円以上を三年間寄付するか、または一時に三〇円以上の金品を寄付する者とした。賛助員は毎月五〇銭以上を三年間寄付するか、または一時に一五円以上の金品を寄付することを資格要件とした。特別賛助員と賛助員には、小樽区各界の有力者や一般区民のなかから小林運平の事業に理解や同情を寄せる人々が名乗り出た。

小樽区民の支援が広がるにつれて賛助員もしだいに増えてきた。明治四二年は特別賛助員五二人、賛助員一一人、同四三年には特別賛助員六五人、賛助員二二人と増え、さらに同四四年になると特別賛助員一〇〇人、賛助員七七人となった。

賛助員が増える一方で、年約金納入率の低調さが顕著になってきた。明治四四年の納入率を示す資料によると、一〇〇人の特別賛助員の納入率は五〇％だった。七五人の賛助員の納入率はわずかに二一％だった。

このような事情から、小林は一人の教員と手分けして、賛助員の自宅や仕事先に年約金納入をお願いして回るのが仕事となっていた。その際には、小林の事業に対する理解を維持して寄付行為を継続している人からの激励や慰労のことばをかけられるたびに、あらためて初心に戻った。他方、一時の熱気が冷めはじめたせいか、小林の盲唖教育事業から距離をとろうとして、玄関払いを受けたり居留守を使われたりすることも少なくなかった。人の気持ちのうつろいを感じるとき、日本海特有のなまり色の空を背にそびえる天狗山を見ては、弱気になりかける自身を重ねながら、小林は盲唖教育を持続させるために協力依頼の仕事を黙々とすすめていった。

明治四四年（一九一二）一月には、かねてより北海道長官に提出してあった校舎建築にかかる寄付金募集の件が認められ、建築資金一万円を目標に立て、商議員を中心とした活動計画が実施に移された。しかし、校舎建築費の募金額が予定に達していないので、校舎完成後も浄財を求める日々がつづいた。

概覧の日誌には、校舎建築費募集と盲唖教育普及のために余市、古平、美国、積丹や遠くは礼文島、利尻島、増毛、留萌まで出張した記述がある。これらの地域は明治から大正時代にかけて、「一起こし千両、万両」というニシン景気にわいていた。特別賛助員のなかには北海道有数の海運業経営者がいることから、その情報をもとにして訪問先を決めたものであろう。

その際には小林が一人で赴いたり、あるときには教え子をともなって該地で指導場面を再現したり、聾唖児が談話するさまを見てもらったりして、教育の可能性を啓蒙しつつ浄財をつのった。しかしながら、人々は同情はするものの、盲唖学校を積極的に支援しようという意識は高まらなかった。小林は、幾度となく出かけては理解を求めたが、成果ははかばかしくなかった。

3　奥澤校舎の完成

明治四三年（一九一〇）七月に小樽区有地貸付の件を申請し、一一月に小樽区長から通知が届いた。それは小樽区奥澤村のうち一〇〇五坪八合九勺《しゃく》を新築校舎の敷地として、一五年間無償貸しつけを許可するという内容だった。

明治44年に完成した奥澤校舎
『東宮行啓紀念　小樽区写真帖』(大正11年) より

校舎建築設計にあたっては小樽区が全面協力し、明治四四年四月には小樽区役所の設計技師によって建築設計仕様書ができあがった。入札にすると予定金額を超えてしまうことから随意契約とした。校舎敷地の整地工事と建築工事には、二名の特別賛助員（山本忠三郎、加藤忠五郎）の積極的な協力支援があり、小林運平は概覧日誌に謝意をこめて二人の名前を記した。

この土地は勝納川《かつない》河畔にあり、不要となった漁網や建築資材などが運びこまれている場所で、塵芥も捨てられていた。小林は子どもが生活するうえで衛生上の問題を心配し、事前に学校顧問医である谷井鶴治と高橋芳鄰に相談したところ、二人は即座に調査し、衛生上の注意事項に関する意見書を作成して小樽区長に提出し、万全を期した。

小林の三男小林剛が小樽盲・聾学校『六〇周年記念誌』に寄せた文章によると、安全や衛生管理面の確保が求められつづける場所だった。

七月三〇日には新築校舎落成の清祓《きよはらい》を執行した。実際には、その二週間前から旧校舎の荷物を運びはじめており、このときに引っ越し作業はほとんど完了していた。写真の新校舎には木の香りがただよい、興奮気味の子どもたちの生活がはじまっていた。

東宮殿下（のちの大正天皇）の小樽行啓が翌月にせまっていたことから、小林は奉迎送準備のために環境整備作業の指揮をとっていた。このときに一人の特別賛助員からポプラの苗五〇本の寄付を受けた。小林は、成長がはやく根づきのよいポプラを隣地との境界にそって植樹する段取りをととのえた。当日は生徒や小林の家族総出で、穴を掘り、苗木を植え、水やりの作業で心地よい汗を流した。

第五章　充実期のあしあと

1　初の盲児・聾唖児の実態調査

小林運平は、京都盲唖院や楽善会《らくぜんかい》訓盲院が開校当初に実態調査を実施し、その後の事業計画に活用したという情報をもっていた。北海道においては、教育機会を奪われている盲児・聾唖児の実数は把握できていなかった。実数が把握できない状況では盲唖教育の全道普及はおろか就学勧誘もできないことから、全学童中の盲児・聾唖児の実数調査を道庁や区長・支庁長に依頼することを企図した。小林は、新しい教育に対する高揚感を抱きながらも、対象児の概数とその分布状況を知らずしてとりくむことに焦慮をおぼえたと思われる。

次に、概覧（明治四四年）に列記した項目から実態調査に関するものを書き出してみる。

明治四十二年

三月廿五日　全道盲唖者の取調方を各支庁長　区長に依頼す

七月廿九日　北海道庁支庁長会議列席の各支庁長に面し　入学勧奨のことを委嘱す

明治四十三年

一月廿六日　盲唖児童入学勧奨方を北海道庁第二部長上田万平に依頼す

二月廿日　盲唖児童入学勧奨方を各支庁長及区長に頼す

二月廿二日　家計中等以上の盲唖児童入学勧奨方を所在各小学校及

各区町村長に依頼す

明治四十四年

二月十四日　盲唖児童調査を各支庁長及区長に依頼す

小林は、特別賛助員のなかの小樽区選出代議士や道会議員の助言を生かし、調査実施を効果的にすすめ、回収率をたかめるために支庁長・区長会議で盲唖児調査を周知させることにした。これは、道庁の出先機関十四支庁の長と札幌・函館・小樽の三区の長に調査内容を説明したものである。さらに調査結果を携えて各支庁長に面会して当該地域での入学勧奨を依頼したもので、このときの小林の行動力は特筆される。

明治四二年の調査結果は、調査票未着の区・支庁があったものの当年の概覧に掲載した。これは明治期における盲唖児調査としては貴重な資料である。明治四三年の結果は各区長、各市長の協力が得られなかったためか、概覧には報告されていない。同四四年の調査は同二六年四月生

計	網走支庁	宗谷支庁	増毛支庁	根室支庁	釧路支庁	河西支庁	浦河支庁	室蘭支庁	上川支庁	空知支庁	札幌支庁	函館支庁	檜山支庁	後志支庁	札幌区	函館区	小樽区		
54	—	調査未着	—	3	2	2	3	—	5	6	—	8	5	13	1	1	5	男	盲生
30	1		—	—	—	4	4	3	—	3	1	8	3	1	—	—	2	女	
84	1		—	3	2	6	7	3	5	9	1	16	8	14	1	1	7	計	
91	3		1	2	2	4	5	2	5	5	5	14	12	11	2	6	11	男	唖生
67	3		5	—	—	—	5	3	1	10	2	9	9	11	2	3	4	女	
158	6		6	2	2	4	10	5	6	15	7	23	21	12	5	9	15	計	
8	1		—	—	1	—	1	1	—	—	—	—	—	1	—	2	1	上等	家庭生計状況
110	5		3	5	1	6	3	5	9	10	6	10	15	19	3	5	5	中等	
124	1		3	—	2	4	13	2	2	14	2	29	14	16	3	3	16	下等	
242	7		6	5	4	10	17	8	11	24	8	39	29	36	6	10	22	合計	

全道盲児・聾唖児調査の結果（明治44年2月）
調査対象児：明治26年10月生まれ〜明治38年4月生まれ

まれから同三八年四月生まれまでの学齢児を対象としたもので、その結果は調査票未着の区・支庁が一支庁のみとなり、同四二年調査結果よりも格段に多い実数を把握することができた。

同四四年当時、全道で盲児八四人、聾唖児一五八人の実数を把握することができた。人口の多い札幌区・札幌支庁の報告数がすくない理由は定かではないものの、この時期に各支庁長や区長・町村長名

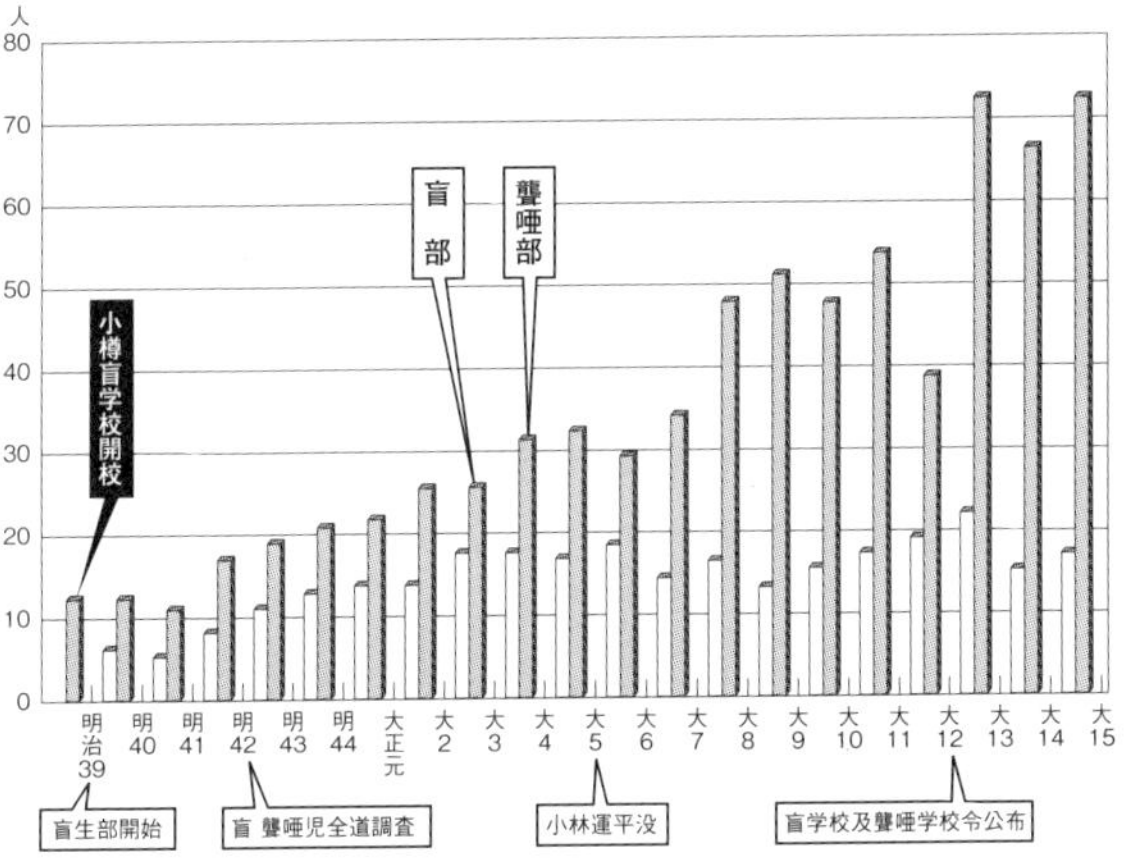

小樽盲唖学校在籍児数の推移（明治39年～大正15年）
財団法人小樽盲唖学校『創立二十週年記念誌』（大正15年）より

による貴重な実態調査である。

なお、家庭生計調査については調査基準が不明だが、開拓間もない時代には家計の水準が子どもの教育に濃い影を落としていることから、その状況を把握しようとしたものと思われる。半数以上が深刻な水準にあるという結果は、盲唖学校在籍児の寄宿生活費の延納・滞納に影響を及ぼし、学校運営資金の逼迫を招いた面がひそんでいた。

東北六県に茨城県・栃木県

を合わせたほどの面積をもつ北海道で、盲唖児の保護救済と教育を構想した小林の面目躍如たるものがある。

小樽盲唖学校『創立二〇週年《ママ》記念誌』（大正一五年）には、開校当時から大正一五年までの年度別入学者・在籍者数をまとめた資料がある。これをもとにして、盲部・唖生部別在籍児数の推移のグラフを作成した（前頁）。なお在籍児数は、翌年度四月現在の集計と思われる。

小林運平没後も漸増傾向を示したあと、大正一三年施行の「盲学校及聾唖学校令」を契機にして盲唖児の教育への関心がたかまり、急増していることがわかる。

2　技芸科の指導と就職

盲生部の按摩術指導にあたっていた小川大助が、二年後に自己都合で退職した。指導の連続性を維持するために、同日づけで東京盲唖学校教員練習科卒業生の田邊庄八を採用した。これは、できるだけ早期に地域社会からの注文にたえる技術を習得すれば報酬を得ることができ、とりわけ家計の苦しい家庭には寄宿生活費（一か月約七円）の負担軽減につながることを配慮したものである。

唖生部には裁縫科や製造科を設けたものの、小林運平が苦労したのは技術習得の場所と指導者の問題である。盲唖学校内に専門の施設設備を用意することは財政上困難だったので、小樽区内の事業所経営者のなかから子ども好きな人物の情報を得ては訪問し、嘱託としての指導を懇請した。

すると、山田利一（製靴）、谷川政次郎（製靴）、永井運吉（木履）、山際吉松（洋服裁縫）、小泉彦作（洋服裁縫）らが理解を示し、各事業所において手弁当で実技指導にあたってくれた。技芸科の生徒は、学校の授業を終えたあとに篤志事業所に移動して授業を受けた。生徒には実際の職場で授業を受けながら、職人の仕事ぶりを見たり、事業主と依頼主の商行動を見ることができるので、技能向上や他日の自営に資するという期待もこめたようである。

そして大正二年には、東京聾唖学校木工科師範科卒業生の山中忠太郎を採用して充実を図った。

前記の『創立二〇週《ママ》年記念号』には、開校以来の卒業生七八人（うち盲部五人、聾唖部三人死亡）の就労状況が掲載されている。盲部三一人のうち二三人は鍼灸師として、ほとんどが自宅で営業している。聾唖部三九人は、技芸科の授業と関連のある製靴職人、下駄製造職人、同見習い、下駄製造販売、洋服職人をはじめ、籠製造見習い、西洋洗濯職人、製菓見習いなどの製造業に従事している。

3　皇太子殿下行啓の御代覧箇所に指定

前述の東宮殿下の小樽行啓は、明治四四年（一九一一）八月におこなわれることがはやくから決まっていた。その際に差遣《さけん》侍従による御代覧施設として小樽盲唖学校が指定され、小林運平にはその奉迎と奉送準備が待っていた。この前年には、北海道庁視学、小樽区長、道庁警察部長、小樽警察署長らが相次いで来校していることからも、小林と商議員会には遺漏なき準備が求められていたことがわかる。小林にとっていっそう多忙の日がつづいた。

東宮殿下は、八月二三日午後六時に中央小樽駅に到着されることになり、侍従による御代覧は翌日となった。この朗報の内示は、小林の苦労が報われたときでもある。小林は、差遣された侍従のことばを概覧の日誌にくわしく記録した。

午後三時十分　皇太子殿下御代覧御使御臨校　校長より学校要覧一冊　写真一葉捧呈の後　校長小林運平以下職員一同に謁を賜い　其より生徒の成績品及盲生の書取　唖生の発音盲生の弾琴　唖生の製靴及木履工教授等御巡覧
前庭に記念樹の御手植あり　御復席後校長に対し
『夙《はや》くより斯の慈善事業に従事し　其の間幾多の蹉跌《さてつ》をも経たらんに　能く今日を致したるは誠に喜ぶべき所なり　今後益々奮励せられんことを望む』
との有り難き御詞《おことば》を賜り　又生徒成績品七点御択抜《えらびぬ》き　唖生の発音御感賞の上　同三時四十五分御帰館遊ばさる
校長は右御礼の為め　皇太子殿下の御旅館に参候す　此の日創立賛助者　商議員　各賛助員　父兄等本校に参集せる者　殿下の思召に感泣し　盲唖教育に対し世人の注意を惹きしこと極めて大なり

とりわけ、差遣侍従による記念植樹を終えて校長室に戻ったあと、侍従からのねぎらいのことばが心に染みた。誰もが着手しなかった時期に、偶然出会った聾唖児親子の願いを斟酌《しんしゃく》してとりくんだ盲唖教育事業を称え、「其の間幾多の蹉跌《さてつ》（注・物事がうまくすすまず、しくじること）をも経たらんに　能く今日を致したるは誠に喜ぶべき所なり」ということばを幾度も反芻しながら記録した。

小林による概覧の日誌記事は、おおむね一、二行程度で要点のみを簡潔に記録しているが、この日ばかりはめずらしく万感をこめて書きとめた。

4　恩師小西信八の来校

このあとに朗報がつづいた。

御代覧対応の余韻が残る明治四四年（一九一一）九月二八日に、財団法人小樽盲唖学校の名誉賛助員で東京聾唖学校長小西信八が来樽した。小西はこのとき文部省嘱託として各地の盲唖教育事情の視察をつづけていた。小西は授業や学校施設を視察したあと、小林運平のこれまでの労苦をねぎらい、今後の盲唖学校は公立移管にすべきという持論を力説した。

翌二九日には、小西信八による盲唖教育講演会を小樽高等女学校運動場を会場にして開いた。小西校長は、小林が盲唖児にかける情熱を称賛したあと、盲唖児の教育的可能性に触れ、盲唖児が義務教育の対象になっていないことや盲唖学校経営には北海道庁、小樽区役所の役割と市民の協力が不可欠であることを強調した。この講演会は、小林が小樽区に小西校長の人物像を知らせて計画したものである。

講演会を終えたあと、二人は中央小樽駅から函館発旭川行きの長距離旅客急行の列車に乗った。旭川に向かう途中、市来知《いちきしり》や一已《いちやん》の近くを通ると、新開地で苦労した小学校教育にまつわる話を恩師に聞いてもらったり、内外の盲唖教育にかかわる話題に花を咲かせたことであろう。

旭川までの五時間四〇分という乗車時間は、車窓の説明をしながら過ごすうちに短くさえ感じた。小林にとって緊張と至福の時間でもあった。

5　秋田県立盲唖学校と小林運平

小林運平のふるさと秋田県では、明治二四年と同三〇年に盲児対象の二つの施設で私塾的な試みがなされたが、いずれも経済的な理由で長つづきしなかった。同四二年には、地元有志が東京盲唖学校長小西信八の助言を得て、森正隆秋田県知事に盲唖学校設立を請願した。知事周辺がこの陳情活動への対応を検討しているときに、「大館小学校にいた小林運平さんが、最近小樽で盲唖学校を創った、という話を聞いたことがある。」との情報がもたらされた。さっそく小樽盲唖学校に連絡すると、百聞は一見に如かずとばかりに、その年の九月には秋田実業視察団を編成して小樽盲唖学校を視察することになった。

視察団は校内を縦覧したあと校長室に戻って秋田県内の試みを切り出し、小林の意見に耳を傾けた。小林は、学校運営には専門教員の確保はもちろんだが、経済的基盤の脆弱な私立盲唖学校は長つづきしないことをなんども強調した。ふるさとへの恩返しとばかりに、久しぶりにお国ことばで熱弁をふるった。

実業視察団は戻ってから、小樽盲唖学校の建物の様子と小林の考えを知事に報告した。

明くる同四三年七月末、秋田県南秋田郡教育会は訛音《かおん》矯正会の講師として小林を招聘した。来県した際に盲唖学校経営と指導方法について直接説明を受けようとする計画である。その際に小林は指導の成果を披露するために、五年生の聾唖児をともなって実演指導をおこなっている。

同年八月一日には、知事森正隆を団長とする視察団一行が小樽盲唖学校の施設設備、教具などを視察した。その後知事周辺では、経済的基盤が不安定な私立学校ではなく、県立盲唖学校の設立を決めた。

明治四五年（一九一二）五月に秋田県立盲唖学校（普通科・技芸科併置）が二階建て民家を校舎として、盲生一三名、唖生六名で開校した。これはわが国初の県立盲唖学校である。

第六章　素顔の小林運平

小林運平自身が書いた概覧、新聞記事、各種辞令などはきちんと整えて残されているが、素顔を物語るエピソードはほとんどみあたらない。いくらその篤行で話題になったとはいえ、百年以上経過すると、市井の人の素顔が残らないのはやむを得ないことでもある。

その中で、秋田育ちの小林の発音にかかわる記録がある。『稲垣益穂日誌』によると、明治四一年（一九〇八）一〇月、国語や発音を得意としていた稲垣を小林が訪ねてきて、自身の秋田なまりの状況を聞いて評価してほしいということだった。稲垣は、まず五十音一文字ごとの発音と朗読の様子を聞いたところ、「イ」と「エ」の区別と「カ」の発音になまりがある以外は、全て正しい発音だったという。視話法研究者の小林は訛音矯正会の講師を務めた経験があり、自身の発音もなおしていたようである。

小林が趣味として描いたのであろうか、鷹狩りの鷹を細い筆で彩色した一二枚の絵が残されている。白、橙、緋色の房付きの大緒《おおお》で足を結ばれて止まり木の上にいる鷹は、鋭い眼光でいまにも動き出さんばかりの表現力は、余技の域をはるかに超えている。小林が視話法の自作テキストとして母音・子音の発音要領を毛筆で描いた図三四枚には、この特技が存分に発揮されている。

1　夫として、父として

小林運平夫婦は四男四女にめぐまれ、大家族だった。

妻千代は教職に就きながら八人の子どもを育てあげた、肝のすわった母親である。また前述したように、明治四二年に財団法人基本金五〇〇円・経費一二〇円という私財を投じるときも夫の事業に理解を示した上、小林が翌年に小学校訓導を辞したあと、財団法人から小林に支給された二五円の教務手当を学校運営資金として醵出《きょしゅつ》することにも同意した。盲唖児の保護救済・教育という未開拓の分野に転進した夫の信念を物心両面で懸命に支えつづけたのである。

小樽盲・聾学校『五十周年記念誌』の企画「本校の昔を語る」のなかで、三男小林剛は、奥澤校舎に移った時期の父親の仕事ぶりを思い起こした。

父は学校にかかりきって家にはあまり見えたことはなく、記憶がほとんどないが、ひどく厳しくて私はこわかった。母は後日、このようなことを話していた。「父はお前たちを一度も風呂に連れて行ったことはなかったが、生徒はよく風呂に連れて行った」と。

このころ小学校低学年だった子どもの眼には家にほとんど帰って来ない父と映ったようだが、小林は寄宿舎の舎監の仕事も兼ねており、文字どおり二四時間働きづめの状態だった。

また、小林が無給で仕事をしていることに対して周囲から給料を受け取るように促されていることについて、小林剛は「あまり勧められるから、今度から給料をもらおうな、と言って、ついに無給のままで亡くなった」というエピソードも紹介した。

この座談会で、妻千代は夫の酒量のことをたずねられ、「病後は禁酒していましたが、いまブドウ酒を少々。若いころはよく呑みました」と言い、病気と晩酌の間で思い惑う小林の一面をみることができる。

小林夫婦が育んだ子どもたちのなかから、父親の仕事を継いで盲唖教育に従事した者が誕生している。次女小林淑《よし》は、父死去の翌年から七年間小樽盲唖学校唖生部教員を務めた。のち京都府立聾唖学校教員となり、その長男は道立小樽聾学校教員になった。次男小林定正は、盲学校・聾学校義務教育施行の翌年にあたる昭和二四年に一一代校長に着任した。そして、道立に移管された小樽盲学校・小樽聾学校の校舎・寄宿舎用地の選定・建築、財団法人の解散、校舎建築、教員・寮母の採用・育成など、移管後の約一三年間小樽聾学校の基礎づくりに貢献した。

2 健康をむしばんだ過労

明治四三年（一九一〇）三月づけの退職願の下書きが残されている。

不肖運平儀　性来体質羸弱《るいじゃく》に有之候えども　生れて盛世《せいせい》に遭遇致し候ば　無上の幸福と奉存候に付　終生身を教育に委ね　以て皇恩の万一に報い奉り度　明治十五年九月より職を小学校に奉じ　爾來官庁の恩命と庇護とに依り難有勤続罷在候所　先年疾を受け候てより心身昏憊《こんぱい》病勢日に相募り　到底職務に堪え兼ね候間　御詮議の上退職被仰附度　医師の診断書相添え　此段奉願候也

明治四十三年三月二十七日

小樽区量徳尋常高等小学校訓導

小　林　運　平　印

北海道庁長官　河島　醇　殿

ここには、「体質羸弱《るいじゃく》（注・体が弱いことの意）にこれあり候えども」とあり、生来体が丈夫ではなかったことを記した。また、「先年疾を受け候てより　心身昏憊病勢日に相募り　到底職務に堪え兼ね候間…」とあ

小林夫妻と８人の子どもたち（大正５年１月撮影）

り、急な病にかかって身も心も疲れ果て、その病気も昂進しているようなので、このままでは職務を遂行することにも堪《た》えられそうもないことを理由にした。多少の誇張があるにしても、量徳小学校訓導と小樽盲唖学校長という両立しえないような、二つの仕事を兼ねることは体力が許さなかったのも事実であろう。

前述の銀山小学校時代の教え子庄司乙吉が、「軽度の脊髄炎」を発症していたことを記している。これは、小林運平が明治四三年五月、大正二年一〇月、同三年一〇月の三回にわたって全国感化救済事業大会や全国盲唖教育大会に参加したおりに、各地の盲唖教育視察を兼ねて一か月間の長期出張に出かけている。庄司の記述はこのときの師弟再会のことである。

『稲垣益穂日誌』には「軽微なる中風」とあり、死の十日前に会ったときの所感を「もはや平時の健康に復せりと言い居られたるも、何となく衰弱されたるが如く見え居たり」と書きとめた。

右頁の家族写真は、小林が急逝する直前に撮影されたものである。

3　小林運平の急逝

奥澤校舎が完成して五年、学校運営資金に苦労しながらも教育活動は軌道に乗っていた。好事魔多し。小林運平は突然世を去った。あまりにも早すぎる死だった。

小林は、大正五年（一九一六）一月一一日、支援者との新年会を終えて帰宅したあとに重い脳溢血を発症した。そして一三日、家族に見守られながら人間愛と行動力に溢れた一生を閉じた。

当時の「小樽新聞」（大正五年一月一五日）は、「小林運平氏逝く」の見出しで肖像写真を掲げ、ていねいに永年の功績をまとめてその死を惜しんだ。

昨紙欄外に報道せし如く　財団法人小樽盲唖学校理事兼校長小林運平（五十歳）氏は　十一日午前四時脳溢血を発し　十二日来危篤に陥り　十三日午後五時終に永眠せり。…（中略）…　四十四年現校舎を新築して以て今日に至る。其の間幾多経営上の困難を排し　時に或は病魔と戦い　只管《ひたすら》不幸なる盲唖生の為に其の身を致して日も是足らず　其の実績着々として挙がり　校運漸く盛ならんとしつつありし際　突如訃音に接せるは誠に痛惜に堪えず。因に葬儀は　十五日

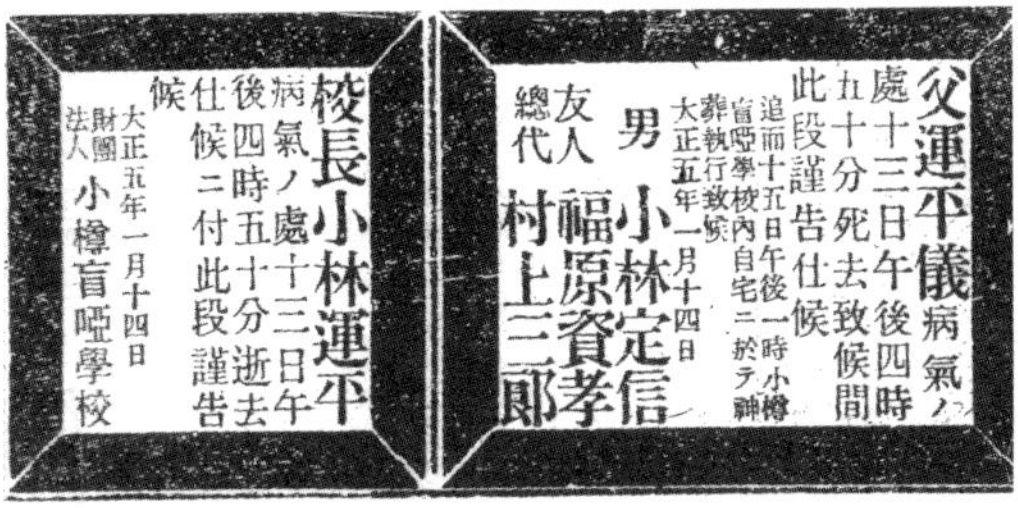
父運平儀病氣ノ處十三日午後四時五十分死去致候間此段謹告仕候
追而十五日午後一時小樽盲啞學校内自宅ニ於テ神葬執行致候
大正五年一月十四日
男　小林定信
友人總代　福原資孝　村上三郎

校長小林運平病氣ノ處十三日午後四時五十分逝去仕候ニ付此段謹告候
大正五年一月十四日
財團法人　小樽盲啞學校

小林運平の葬儀広告（大正5年１月15日「小樽新聞」）

午後一時盲唖学校内にて神葬執行の筈である。

明治三九年の開校以降、昼夜を分かたず盲唖教育に身を捧げた。とりわけ、夜間に寄宿舎で生活する子どもたちのために、自宅に戻らずに指導しつづけた疲労の蓄積が命をちぢめたのかもしれない。

秋田の人小林は、就学率低迷期の初等教育に携わったあと渡道し、開拓地における小学校の基礎づくり、人口が集中する道央の小学校教育に従事したあと、北海道全域の盲児、聾唖児の救済・教育事業を手がけ、小樽盲唖学校の基盤をつくった。

小林は北海道の人、そして小樽の人になった。

同日づけの「小樽新聞」には、小林家と小樽盲唖学校による葬儀広告が並び掲載された。

一月一五日、約六〇〇人の参列のもと、小樽盲唖学校内の自宅において葬儀をとりおこなった。

前記の『稲垣益穂日誌』には、小林の葬儀が盲唖学校講堂を式場にせず、狭い自宅でとりおこなった経緯が記録されている。それによると、自宅は手狭なために多くの葬儀参列者は盲唖学校の講堂に控えさせられる状況だった。自分の創設した盲唖学校を葬儀会場にして盛大にとりおこなってもよいのに、と不審に思った。しかし事情を聞くと、「いま盲唖学校では御真影《ごしんえい》の御下賜《ごかし》の申請を検討中であり、葬儀場所として学校を用いることはふさわしくない」という配慮が働いたようである。文部省が盲唖学校を御真影下付《かふ》の対象にしたのは大正七年だが、小林は御真影拝戴を検討していたのである。

財団法人と盲唖学校の運営の中心人物を突然失ったことから、財団法人小樽盲唖学校は三月三日に商議員会を開いて、後任校長問題を協議し、宮腰伊七郎を理事に推すと同時に第二代校長に推挙した。

小林は、郷里秋田県で一三年間、北海道で二〇年間の教職生活を送った。とりわけ、三八歳で聾唖児と出会ってからの一二年間支えつづけた妻千代の存在なくして、北海道の盲唖教育の嚆矢《こうし》小林運平は誕生し得なかった。

小林運平

第七章　明治期の初等教育事情

ここでは、小林運平がとりくんだ初等教育と盲唖教育を理解するために、秋田で尋常小学校訓導となったころの学校制度、北海道開拓地における教育事情、そして盲児・聾唖児の処遇状況について記すことにする。

1　「学制」以降の学校制度と盲唖児

わが国の学校制度は明治五年公布の「学制」からはじまる。学制序文の冒頭には、「人々自ら其身《そのみ》を立て　其産《さん》を治め　其業《ぎょう》を昌《さかん》にして　以て其生《せい》を遂《とぐ》る所以のものは…」と、学校教育は立身・治産《ちさん》・昌業《しょうぎょう》を目的とすることを示した。そして、「邑《むら》に不学の戸《こ》なく家に不学の人なからしめん事を期す」と、高らかに理念を掲げて小学校への就学を督励した。

学制の第二九章（中学）の末尾には、「廃人学校」の名称が登場した。この背景には、幕末期の寺子屋で障害児を教えていた事例、福沢諭吉の『西洋事情』（明治三年）における盲院・唖院の紹介や山尾庸三による「盲唖学校設立建白書」（明治四年）などがあった。

「廃人」という用語は当時の慣用として、盲、聾唖、瘋癲《ふうてん》・白痴、自力移動困難などを包括するものとして用いられたが、この廃人学校は、盲院、唖院、痴児院などの施設を包括したものとして便宜的に用いられた。しかしながら、廃人学校のくわしい説明もなく、その推進に関する具体的事項は示されなかったので、実際には何ら進展はなかった。

明治一二年に公布した「教育令」の準備段階では、第二六章に「盲学

校は盲人を教導し　聾唖学校は聾唖人を教導するところなり」をあげて検討したが、公布のときには削除された。多くの教育予算を必要としていた政府は、障害児を立身・治産・昌業とは縁の薄い存在とみなし、教育というより保護・救済の対象と考えるようになった。

その後の「改正教育令」（明治一三年）と「小学校令」（明治一九年）においても、障害児の学校について触れられることはなかった。

2　就学率向上と就学猶予・免除

明治政府は、思惑に反して就学率が向上しないことから、就学率をたかめるために、達成した水準に応じて、デザインや色彩を異にする就学旗を掲揚させるなど、学校間・地域間での就学促進を厳しく競わせたりもした。

他方、「改正教育令」（明治一三年）では、「但し書き」のなかで、就学することができない理由として次の例示をした。

疾病に罹《かか》る者　親族疾病に罹り他に看護の人なき者　廃疾の者　一家貧窶《ひんる》の者

「廃疾」は不治の障害の意味をもつことから、障害児が明確に不就学の対象となったことがわかる。これは地方の行政担当者が意図的に障害児を排除しようとしたものではなく、就学することができない理由を明示し、それ以外の子どもはすべて就学対象となることを強調したものであろう。しかし、文言で明示したことにより、障害児は就学しなくてもよいという社会通念を徐々に形成していった。

このころの小林運平は、秋田師範学校を卒業して県北の小学校に奉職していた。

「小学校令」（明治一九年）では、保護者に対する就学義務を定めたものの、地方の学校設置義務は規定しなかった。そして、三～四年の就学義務を明確に示す一方で、次のように就学猶予の規定を示した。

疾病　家計困窮　其他《そのた》止むを得ざる事故に由り　児童を就学せしむること能《あた》わずと認定するものには府知事県令其期限を定めて　就学猶予を許すことを得

病気の子どもや家計が困窮している家の子どもは、就学を猶予できることとされ、「其他止むを得ざる事故」のなかには障害児が含まれた。明治憲法発布の翌年、「第二次小学校令」（明治二三年）において保護者に就学させる義務と市町村には小学校設置義務を課して、義務教育制度が確立した。この小学校令では、小学校に類する各種学校として盲唖学校などの規定が設けられた。「盲唖学校」がはじめて制度上に位置づけられて、市町村や民間による盲唖学校が設置できることになった。

「第三次小学校令」（明治三三年）では尋常小学校の修業年限を四年とし、これを義務教育とした。他方で、第三三条には就学の免除と猶予がさらに明確に規定された。この規定により、「瘋癲《ふうてん》白痴、不具廃疾」の場合は保護者の就学義務を免除し、「病弱、発育不完全」の者は就学を猶予され、「保護者貧窮」の場合は免除・猶予のいずれかの対象とされた。これにより、障害の程度が重い盲児、聾唖児、知的障害児、自立歩行困難児等は義務教育の対象外とされ、病弱児は就学猶予があたり前とされるようになった。

3　就学率のたかまりと私立盲唖学校

この第三次小学校令で、授業料を徴収しないこと、進級・卒業試験を廃止し平常点による認定を定めたことで家庭の負担感が軽くなり、就学率は急速に上昇した。左の図は、明治五年の「学制」公布以来の就学率の推移に影響を与えた事項と就学免除・猶予の動きをあらわすとともに、小樽盲唖学校関連事項を付し、小林運平が活躍した時期の社会事項を示したものである。

男女平均の推移をみると、明治四三年には九八％というめざましい増加を示したが、これは同時に障害児の教育的処遇という行政課題をあぶり出していた。そこで文部省は、明治四〇年に各地の師範学校附属小学校に対して、盲唖児等を対象とした特別学級を設置するように努力義務を課した。しかしながら、特別学級開設を奨励しただけで、人的、制度的裏づけを整えなかったので、全国的にみてもこの試みは一部を除いてとん挫している。

このように義務教育の強化を図る一方で、就学の猶予・免除の規定

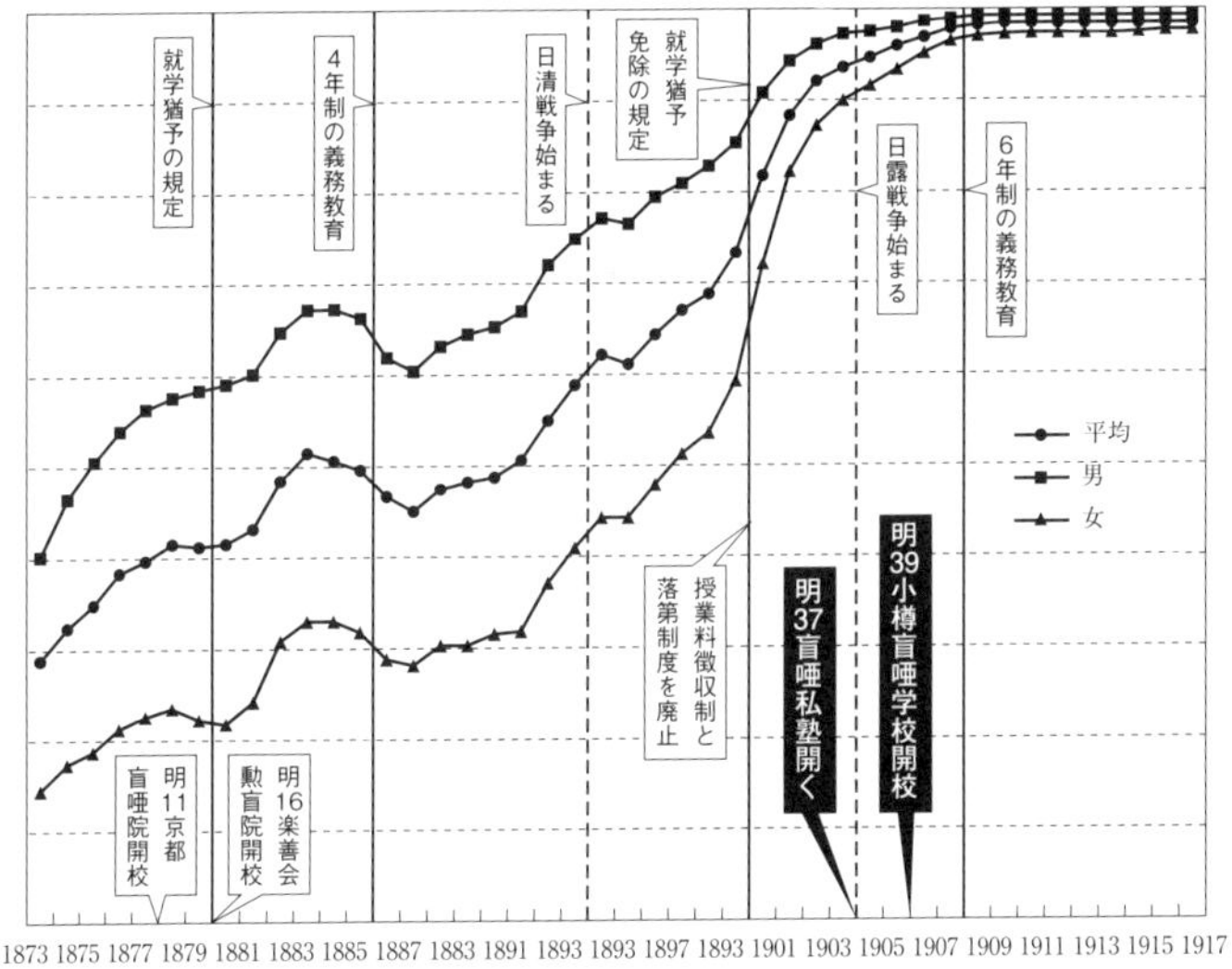

小学校就学率の推移
JICA国際協力総合研究所『日本の教育経験』（平成15年）より

を対象によって区分し明確にしたことから、障害児の小学校入学はますます困難になった。教育を受ける機会をもたない盲児や聾唖児に対する社会的処遇の要望がたかまるにつれて、全国各地では障害者自身、障害児の親、小学校訓導、僧侶、宣教師、医師らによって私立盲唖学校が開かれていった。

近藤　兼市

昭和12年ころの近藤兼市

第一章　私立札幌盲唖学校開校までの足どり

近藤兼市《けんいち》は、明治二九年（一八九六）七月三〇日、父近藤道円と母いくの長男として生を受けた。父道円は、札幌の中心地にある曹洞《そうとう》宗中央寺に僧籍を置き、大正七年から札幌北部における布教のために開いた中央寺法務所（北八条西一丁目）の主任として、布教活動に従事していた。その苦労がみのって多くの檀信徒を得ることができ、現在の北大寺《ほくだいじ》（北十二条西三丁目）の基盤をつくった。

当時、多く読まれていた『現代札幌人物史』（鈴木源十郎・杉山指粹編、一九三一年）は近藤を取りあげている。

学生時代蒲柳《ほりゅう》の質、同病相憐れむの情は弱者におよび、冷倖薄運の人の身に熾烈の同情を寄せ、しかも特殊教育に多大の興味を懐《いだ》きたる結果、盲唖教育大成の一念発起と伝えらる。

「蒲柳《ほりゅう》の質」とは虚弱体質の意味をもつ。明治四四年（一九一一）三月に札幌区立豊水《ほうすい》尋常高等小学校を卒業した。一般には一二歳ぐらいで卒業するが、近藤は一四歳だった。おそらく幼少期からの虚弱体質の影響があったと思われる。長じて大正八年（一九一九）三月、北海道札幌師範学校本科第一部（四年課程）を卒業した。

大正九年三月に、中居シゲ（明治三四年四月三〇日生）と結婚し、翌年に長男が誕生した。そして、大正一〇年（一九二一）六月二七日に母校の札幌市立豊水尋常高等小学校に訓導として着任した。このころの豊水尋常高等小学校は、在籍児数二、〇〇〇人を超える大規模校で、学校は年々増える児童数に対応するための増築工事のさなかで、槌で材木をたたく音が周囲にひびきわたっていた。

1　豊水尋常高等小学校に赴任したころの札幌

近藤兼市が赴任した小学校は、明治一八年に開校式を挙げたあと、分校化などの変遷をへて、明治三三年（一九〇〇）一一月に南八条西二丁目に建てた新校舎に移り、同四〇年には高等科を設けて札幌区立豊水尋常高等小学校（以下、豊水小学校という）と改称した。校区には市民の憩いの場・中島公園や薄野《すすきの》の繁華街がある。

同四五年に九三、〇〇〇人だった人口は一年後に一〇〇、〇〇〇人を超え、大正一五年には一五四、〇〇〇人と一五年間で六五％増を示し、札幌市は道庁所在地として発展していた。

大正七年に開道五〇周年記念北海道博覧会が、豊水小学校にほど近い中島公園をメイン会場にして開かれ、五〇日間に一、四二〇、〇〇〇人の入場者を集めた。商店街では新築が相次いで活況を呈し、その翌年には路面電車が運行をはじめるなど、都市としての形が整えられてきた。明治末期から整備がはじまった大通《おおどおり》は、大正一二年には都市景観が強調されて公園化がいっきにすすんだ。

このころの北海道では、函館訓盲唖院（明治二八年）、小樽盲唖学校（同三九年）、旭川盲唖学校（大正一一年）で盲唖教育が展開されていたものの、道都札幌市における盲唖児の救済や教育事業はきわめて低調であった。

2　吃音児と聾唖児の出会い

豊水小学校に勤めた年のことである。

担当学級のなかに吃音に悩む子どもがいた。同じ発音をくり返したり、ことばがつかえたりする状態を嘲笑やいじめの対象にされており、近藤兼市はそんな場面を見つけるたびに叱りつけていた。じっと耐えている姿になんども接するうちに、どうにかして治してやりたいという思いが芽生えた。伝えたい内容が山ほどあるのに、それを相手に伝えられずに苦しんでいる様子を思いながら、吃音矯正の方法に関心をもった。

近藤が幼いころ、学齢に達しても小学校に通えずに家庭や病院で過ごした経験は、恵まれない立場にいる子どもの心情理解に的確さと深さを与えたと思われる。つまり、吃音児が言おうとしていることやわかって欲しがっていることに思いを寄せ、そのときの気もちを我がことのように受けとめるという共感的理解である。また近藤には、子どものころに吃音で苦労した体験があり、このことが吃音矯正に熱心にとりくませる動機になったようだ、という話も伝えられている。

この当時、教育団体の札幌区教育会（大正一一年に札幌市教育会と改称）は、札幌区教育課との共催で時局啓蒙のための教育講演会を盛んに開いていた。大正八年には東京から講師を招いて吃音矯正講習会を開いた。大正十年、夏季休業中の八月一日から一四日まで豊水小学校を会場にして吃音矯正の実技講習会がおこなわれた。講師には、視話法を応用した吃音矯正で有名な伊澤《いさわ》修二の門弟村上求馬《きゅうま》を招いていた。近藤は、吃音矯正の考えと技術を身につけるために講習会に参加し、夏季休業が終わると、このときに得た知識と技術をもとにして吃音矯正にとりくんだ。

村上求馬（一八八四〜一九八〇）は、徳島師範学校を卒業後に上京し、官立東京盲唖学校教員練習科に学んだ。明治四四年ごろから、伊澤修二が東京小石川に開いた楽石社《らくせきしゃ》（明治三六年）で吃音矯正に携わった。大正九年に東京牛込で開校した私立日本聾話学校の創立者オーガスト・カール・ライシャワー夫妻が小西信八《のぶはち》（東京聾唖学校長）に会い、日本人教師の紹介を求めたところ、小西は即座に村上を紹介したという。日本聾話学校最初の教員となった村上は、明治学院神学部教授兼東京女子学院院長の仕事で忙しいライシャワー校長に代わって、主事、副校長として実質的な教育経営をおこなった。その一方では、吃音矯正を普及させるために各地に出向いていた。

同じころに近藤は、校長の許可を得て豊水小学校内に児童吃音矯正部を設け、大正一二年と一三年に三週間にわたる講習会を開き、札幌市内外から多くの受講者が集まったという。

近藤は学級担任のかたわら、児童吃音矯正部の活動として毎日その指導にとりくんだ。小学校で指導する時間が足りないときは、父母の同意を得ていた子どもを自宅に招きいれて指導するほどだった。妻シゲは、二歳になったばかりの長男が邪魔をしないように気遣いながら指導場所を確保して支えた。熱心にとりくむにつれて、緊張がとけて話しはじめる子どもの表情に手応えをおぼえる場面が多くなってきた。

そのようなとき、聾唖児の父母が面会を求めてきた。父母らは、小学校が受け入れてくれない悩みや小樽盲唖学校寄宿舎に手放すことの不安を訴えては、わが子にも指導してほしいと懇願した。なかでも、地元新聞社に勤める秋本晴良（仮名）は、豊水小学校に在籍する娘の学習と将来の生活を案じていることをなんども訴えた。

聾唖児の父母らの心情が近藤を衝きうごかした。近藤は再び札幌に来た村上求馬に会い、秋本らから懇願されている事情を説明し、聾唖児の指導について教示を受けた。村上から、視話法は本来聾唖児に対する指導法であることや日本聾話学校における口話法の実況を伝えられた。近藤はこのときに秋本らの求めに応じることにしたと思われる。

3 札幌における盲唖教育のいきさつ

明治二八年（一八九五）一月、前述の私立札幌北盲学校（普通科・技芸科・専科）が南二条西八丁目に開設された。設立者は新潟出身の大澤銀之進である。大澤は四歳のときに失明し、七歳のときから四方に師匠を求めて出向き、読書、算術、鍼治《しんじ》、按摩《あんま》、易学、音楽などを学んだ。このときの移動に多くの時間をとられた経験から、移動を要しない「盲人教育学校」設立の必要性を痛感したという。官立東京盲唖学校で学んだあとに札幌北盲学校を開いたものの、場所の確保と運営費捻出が原因と思われるが、一〇年ほどで活動が消滅した。

明治末期になると、初等教育は就学率が九七％を超えるほどに普及した。このことは、就学猶予・免除の対象として義務教育の枠外に置かれていた障害児処遇の問題をあぶり出した。そこで文部省は、明治四〇年の師範学校規程の公布にともなう文部省訓令のなかに、「なるべく、盲人、唖人、又は心身発育不完全なる児童を教育せんがため、特別学級を設けて、この方法を研究せんことを希望す」と示して、各地の師範学校附属小学校に特別学級開設を求めた。

北海道師範学校附属小学校でも、同年に漆間善一訓導が特別学級を担当して、聾唖児（男児三人、女児一人）を、翌年には盲児を入れて指導を試みた。しかしながら、文部省は特別学級開設に予算をつけることもなく、試行努力を求めたにすぎなかったので、札幌での試みもとん挫した。これ以降、札幌で盲唖教育にかかわる動きはみられなかった。

4 盲人がつくった盲児教育施設

大正一二年に盲唖学校関係者の念願だった勅令「盲学校及聾唖学校令」が公布され、翌年に施行された。これは、盲児、聾唖児の教育をわが国の公教育制度にはじめて位置づけたという性格をもっている。第一条では、盲学校、聾唖学校の各々の目的を明示するとともに、それまでの盲聾併設の思想をあらためて、盲学校と聾唖学校に分離することとした。そして第二条では、「北海道及府県に於ては　盲学校及聾唖学校を設置すべし」と規定し、北海道庁に対して盲学校と聾唖学校の設置を義務づけた。ただし、附則の二項で財政難などの事情がある場合には、すでにある私立の盲唖学校を庁立代用学校として認可すれば、道庁の設置義務を果たしたものと認めている。これを契機に、同一三年、盲児・聾唖児の教育は文部省普通学務局社会教育課に移行して、特殊教育が教育行政のなかに位置づけられた。

盲人たちの間には、道庁に盲学校設置義務を課していることに触発され、札幌にも盲学校を開設しようとする胎動があった。その中心にいたのは、官立東京盲学校技芸科鍼按科を卒業して札幌市内で按摩鍼治を開業していた小野義次と岸尾守義である。二人は、小樽盲唖学校教員の石黒儀作（東京盲学校師範部卒業）と平野信三に呼びかけて相談を重ねた。

陳情内容をまとめた四名は道庁内務部学務課に出向いて、他府県の盲唖学校設置状況や盲児の能力開発のための盲学校設置について要望した。北海道会議事録で内務部長答弁記録を読む限り、「いまは函館、小樽、旭川にある盲唖学校の実態を調査しているところだが、逼迫した地方費事情からみて札幌での盲学校開設はむずかしい」という対応を受けたと思われる。

そこで四名は、札幌市役所に出向いて陳情した。要望を受けた札幌市教育課は、その直後に市教育界のリーダー鈴木又衛に相談した。

鈴木又衛《またえ》（一八六二～一九三〇）は、会津藩士の次男として生まれ藩校日新館に学んだ。明治九年山鼻屯田兵の家族として入植した。同一二年に小学教科伝習教場を修了したあと、同一六年から創成小学校訓導、そのあと札幌師範学校附属小学校に勤務した。同三〇年の創成尋常小学校長のあと札幌女子尋常高等小学校長、豊水尋常高等小学校長を務めた。大正一一年、中央創成尋常高等小学校長を最後に勇退した。中央創成小学校長時代には北海道教育会理事及び同教育会札幌市会副会長を務めて札幌市教育界をリードした。昭和三年にはその見識と行政手腕を買われて札幌市教育課長に就き、二年間務めた。

鈴木は、盲学校及聾唖学校令の趣旨を説明しながら、陳情者四名をはじめ関係者と折衝を重ねた。その結果、札幌市助役増田彰が盲児教育施設の創立委員長となり、運営資金は市民から浄財をつのることにした。仮校舎は岸尾守義の伝手《つて》で、北一条西七丁目にあった日本キリスト教会青年会館（通称ローリー館）を借りた。呱々《ここ》の声をあげた盲児教育施設の代表には鈴木が就いた。

大正一四年（一九二五）七月八日に指導がはじまった。のちの私立札幌盲学校の盲人教師・清水彰が、初日の様子を記録している。それによると、机、いす、教卓などは大通尋常高等小学校から借りて修理し、初等部の保護者から寄贈されたばかりのオルガンの伴奏で開校式をおこなった。初等部四人、中等部一三人の子どもに対して指導がはじまったという。

『新札幌市史』によると、この教育施設は、「盲人に普通教育を施し、生活に必要な学術技芸を授くる」ことを目的とし、初等部と中等部を設置した。とくに、中等部には職業的自立を図るために、鍼按《しんあん》科（四年間）、音楽科（五年間）、別科（二年間）を置いた。盲児の指導には岸尾と小野があたった。岸尾、小野の両名は、昭和二年に開校する私立札幌盲唖学校でも引きつづき指導した。

5　近藤がつくった北海吃音矯正学院

近藤兼市が吃音児や聾唖児の指導に真剣に向き合っていくにつれて、

指導する場所の問題が浮上してきた。放課後の教室はともかく、三歳の息子がいる自宅では思うような指導ができないことから、腰をすえて子どもに向かうことができる場所を探していた。そのようなときに父道円から、玉宝寺《ぎょくほうじ》住職の牧野仰鍬に会って相談するように指示された。

さっそく玉宝寺（札幌市南七条西四丁目）に赴いて事情を説明すると、牧野住職は近藤を境内に連れだし、木造平屋建ての建築物を指して、「これはおこもり堂だが、いまは使ってないので、恵まれない子どものために役立ててほしい。」と告げた。

おこもり堂とは、ある期間こもって神仏に祈る参籠《さんろう》場所のことで、この建物（八五坪）を無償で借り受けることにした。玉宝寺は明治三一年開創の禅寺で、現在の名称は豊川稲荷札幌別院である。玉宝寺は、父道円が籍をおく曹洞宗中央寺と同じ宗派であることから、父親の仲立ちがあったものと思われる。吃音児と聾唖児の指導に情熱を傾けていた青年訓導は、牧野住職の情けぶかい提案に感激し、なんども礼をのべて玉宝寺を辞去した。

玉宝寺は豊水小学校から徒歩五分ほどのところにあり、子どもにとって移動に負担がかからず、しかも動きの活発な子どもが遊ぶこともでき、指導場所としては好条件をそなえていた。私塾のような指導は夕方六時からはじめることにしたが、気がねなく指導できることは大きな喜びだった。近藤はこの私塾を「北海吃音矯正学院」と命名し、吃音矯正の研究と指導に加えて、視話法による指導をおこなう聾話部を置き、大正一四年（一九二五）七月七日から指導をはじめた。

北海吃音矯正学院は、明治三〇年代に消滅した私立札幌北盲学校以来、およそ二〇年ぶりに出現した障害児の教育施設だった。対象児は豊水小学校の校区のみならず、広く札幌市内外からも集まった。また、聾唖児のほとんどは就学猶予や免除の対象とされて義務教育の枠外に置かれていたので、発音指導を受ける日の子どもたちは気もちが高揚し、おとなしくさせることに苦労するほどだった。前述した聾唖児の父親秋本晴良は、保護者会長として近藤の指導を支援した。

近藤は、豊水小学校での仕事を終えて帰宅し、あわただしく夕食をとったあと玉宝寺に向かい、六時から指導することが日課になった。指導を重ねるにつれて、子どもたちの変化に手ごたえと生きがいを覚えるようになった。

6　同志深宮友仁との出会い

北海吃音矯正学院保護者会の秋本晴良会長は、娘の成長にともない、障害者に対する差別的な意識につつまれた卒業後の生活と自活の途に、大きな不安をかかえていた。大正一四年、地元新聞社に勤める秋本は、かつて同じ職場で印刷を担当し、その後独立して活字製造所を経営している深宮栄太郎を訪ねた。そして、聾唖者と印刷技術習得について相談したところ、適性としては問題がすくないことを知った。さらに秋本は、印刷技術を習得する具体的な方法をたずねると、この活字製造所で働いていた経営者の甥・深宮友仁《ふかみやともひと》（このとき二二歳）を紹介された。

深宮友仁の自伝『わが夢五十年の歩み』によると、秋本は深宮に対して、「将来、親亡きあとの子どもたちの生活を見越すと、いまのうちにできることをしておきたい。ついては、なんとか名刺印刷ができるような技術を身につけさせてくれまいか。」と、保護者の願いを打ちあけたという。このあと秋本は深宮をともなって、吃音矯正学院で指導していた近藤に引きあわせた。近藤は深宮に対して、聾唖児の社会生活を営むための技能訓練の必要性について語った。共感をおぼえた深宮は、叔父から反対されたものの、秋本と近藤の要請を受けとめて印刷技術の指導に協力することにした。

深宮は、活字製造所での仕事を終えたあと玉宝寺に駆けつけ、夜間に印刷技術指導をおこなった。この指導は札幌盲唖学校開校後も継続し、昭和三年（一九二八）四月には深宮の協力を得て、足踏式の軽量印刷機や紙裁断機などを購入し二人の聾唖者に担当させた。深宮はここを「聾唖実業社」と命名し、深宮の妻クニヱの助力と精力的な営業活動によって、しだいに役所や大学・学校などから注文を受けられるようになり、年賀状、名刺、仕切り書、あいさつ状などを印刷した。

深宮友仁（一九〇六～一九七九）は石川県出身で、姉を頼って上京し、当時内務省救護部長を務めていた丸山鶴吉（のち貴族院議員）の家に書生として住み込んだ。大正一二年に関東大震災で被災して日本大学を中退し、叔父が札幌で経営する深宮活字製造所を手伝った。聾唖者の職業訓練事業に関する近藤校長との協力関係は昭和一四年末までつづいた。後年、北海道印刷工業組合副理事長、同相談役などを務めた。昭和五四年に著した自伝『わが夢五十年の歩み』は、近藤らの盲唖教育事業を知るうえで貴重な資料である。

7 私立札幌盲唖学校の誕生

私立札幌盲唖学校誕生のキーパーソンは近藤兼市と鈴木又衛である。

前述した盲児教育施設の鈴木又衛（このとき六三歳）と吃音矯正学院の近藤兼市（同二九歳）は、二つの教育施設の統合に向けて協議を重ねた。近藤による吃音矯正の活動を知っている鈴木は、札幌全域を視野に入れた吃音矯正や聾唖児への献身的な指導が、多くの保護者から信頼を得ていることやその積極果断な行動力を高く評価していた。

このころの近藤は、吃音児と聾唖児の指導の違いと奥ぶかさを痛感するとともに、父母の悩みと期待を考えたとき、夕方六時からの吃音矯正学院での指導には限界を感じていた。そして、牧野住職や秋本らと相談するうちに、施設統合による盲唖学校開設に傾いていった。

両者は盲学校及聾唖学校令を受け、道都・札幌市にも盲唖学校を開設するという考えで一致し、この協議は順調にすすんだ。昭和二年（一九二七）三月には、かねて道庁に申請していた私立札幌盲唖学校開設が認可された。

同年四月のことである。近藤は、未経験の盲唖学校経営と盲唖児、吃音児の指導準備に専念するために豊水小学校を退職した。妻シゲ、長男寛《ゆたか》、生後六か月の長女伸子を含めた四人家族の生活を考えると、安定した収入を捨てて荒海にこぎ出すことに逡巡したものの、近藤は盲唖教育に転じる機が熟したと判断した。六年間の小学校訓導を辞して退路を断った行動のかげには、盲唖教育に挑む夫の事業計画を信頼する妻シゲの姿があった。

そして昭和二年六月、玉宝寺境内の建物にかけてあった北海吃音矯正学院の看板をはずし、同じ場所で私立札幌盲唖学校が開校した。盲部と聾話部の生徒数は四十人ほどだった。三一歳を目前にした近藤が校長に就いた。

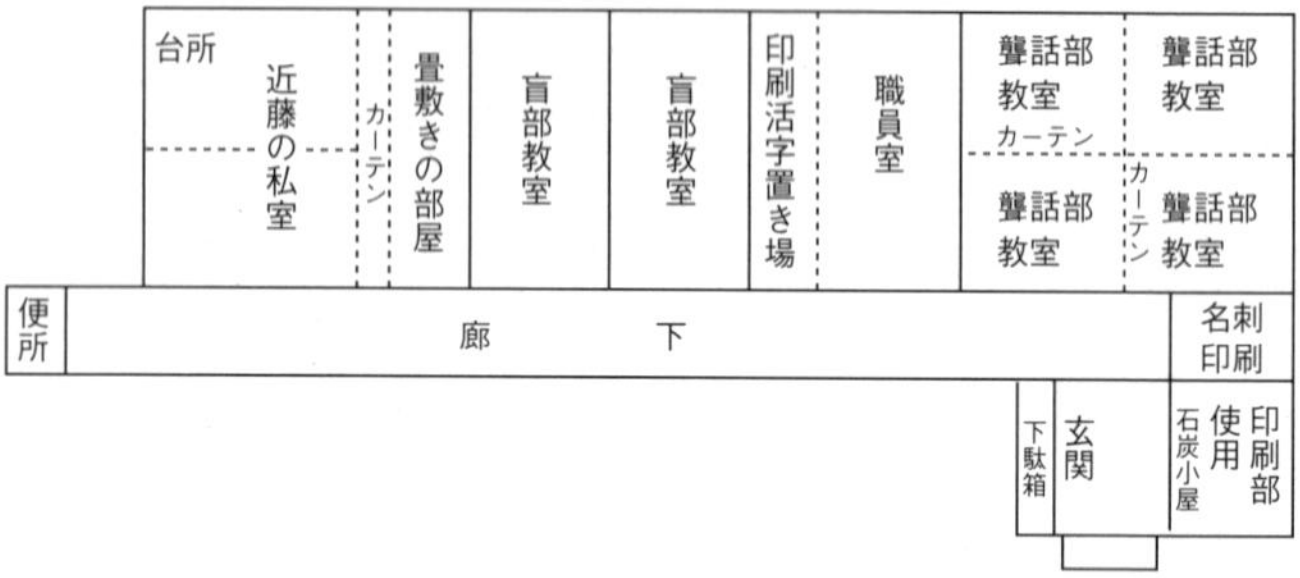

玉宝寺境内の札幌盲唖学校平面図
深宮友仁『わが夢五十年の歩み』（昭和54年）より

開校当初の盲部の教員には前述の岸尾守義、小野義次に依頼した。岸尾と小野はその後二〇余年にわたり、無給のままで職業教育に従事したが、札幌における盲教育に果たした功績は特筆される。とりわけ岸尾は、昭和二〇年の御影村疎開に同行し、近藤の逝去後に私立札幌盲学校の校長に就いた。

聾話部の教員は、専任の近藤に加えて非常勤として私立北星女学校教員（女性）、和裁技術保有者（女性）、手話が堪能な指導者（男性）の四人で、これに吃音矯正学院の教え子（男性）が助手として加わった。印刷部には、後述の深宮友

昭和２年の私立札幌盲唖学校開校のとき
（玉宝寺境内で　前列右から4人目近藤兼市）

仁と吃音矯正学院の教え子（男性）の二人があたった。

札幌盲唖学校の施設（右頁の図）は、八五坪の建物内部を模様がえして対応した。盲部に二教室、聾話部には四教室を充てた。この四教室は、一部屋を白いカーテンで四つに仕切ったものので、午後からは吃音矯正指導にも使用した。また、台所付きの部屋、印刷部が使用する部屋なども備えた。

なお、昭和三年に教育課長に

就任した鈴木又衛は、札幌市から年間五〇〇円の教育補助が受けられるようにしたという。

第二章　私立札幌盲唖学校の明と暗

1　第一回卒業式

昭和五年（一九三〇）年三月二二日の午後、玉宝寺において第一回私立札幌盲唖学校卒業式を挙行し、盲部一三人、聾話部四人の卒業生を送りだすことができた。このなかには吃音矯正学院時代から指導してきた子どもも含まれており、近藤兼市にとっては感慨ぶかい節目の日となった。

三月二三日づけの「小樽新聞」によると、午後一時に始まった卒業式では、国歌斉唱、教育勅語奉読のあとに近藤校長の式辞、道庁学務課長、札幌市長、札幌市教育会長が祝辞を述べ、盲部卒業生と聾話部卒業生代表が答辞を朗読した。そのほかにも札幌市教育課長、道会議長、市会議員をはじめ多数の参加者があり、約二時間にわたって盲部卒業生一三名、聾話部卒業生四名の卒業を祝ったという。道庁所在地札幌に二十数年ぶりに出現した盲唖学校は、北海道や札幌市の行政関係者からも関心をもって迎えられたことがわかる。

2　師範学校の古材木を使った新築校舎

このころの近藤兼市には生徒増対策が求められていた。

前述したように、八五坪の札幌盲唖学校には盲部二教室、聾話部四教室があったが、大正一五年に約四〇人だった生徒は昭和四年には七六人に達し、子どもの学校生活は多くの制約を受けていた。さらに、盲唖学校と薄野の繁華街が目と鼻の間にあることに頭を痛めていた近藤は、新校舎建設の必要性を痛感していた。

あるとき、父道円から耳よりな情報がもたらされた。父道円が、所属する中央寺に行ったときに得た情報というのは、「小樽の白井健吉（仮名）という建築請負師が、師範学校の校舎解体で出た古材木を道庁から払いさげられたものの、その利用先に困っているということを聞いた。築三八年の古材木だが、このなかから使えるものを選んで、盲唖学校の校舎を建てたらどうか。」というものであった。

札幌師範学校（南一条西一四〜一六丁目）は、昭和四年一〇月に南二二条西一四丁目に校舎を新築して移転していた。それにともなって残された敷地と建物は道庁に移管されていた。

しかし、昭和不況の影が忍びよっているときの資金造成には大きな不安をおぼえ、ためらっていた。迷った末に、盲唖教育の成果をあげるためには、広い教室でのびのびと行動させることが不可欠と考え、新校舎建築の道をえらんだ。また、函館、小樽、旭川の盲唖学校は自前の校舎で教育活動をおこなっているとき、札幌だけが借家住まいの学校という肩身の狭さを感じていたことも決断させた理由であろう。

学校敷地確保の経過は定かではないが、南九条西一丁目（現在の㈱財界さっぽろ社屋に該当）を得ることができた。近藤は、盲学校及聾唖学校令が大正一三年に施行されていることから道庁や市役所に出向き、公的補助の具体的な内容にかかわる協議をすすめていた。学校敷地はその過程で浮上したのかもしれないが、この場所は豊水小学校から徒歩数分のところにあり、目の前には中島公園と豊平川があり、恵まれた教育環境だった。

昭和五年、近藤は白井健吉請負師と下交渉し、総工費四万円の建築契約を交わし、さっそく着工した。

札幌盲唖学校が生徒増によって校舎を建築するという話題は、関係者の心を大いに動かした。昭和五年七月二六日づけ「小樽新聞」は、ある朗報を紹介した。昭和五年（一九三〇）七月、札幌市保導委員会協議会が開催され、その場で特別協議題「私立札幌盲唖学校々舎新築資金造成援助に関する件」が議題にあがった。札幌盲唖学校では工費約四万円で校舎新築する計画がすすんでいるが、資金不足で苦境に陥っていることから、保導委員会として工費の半額を一般寄付に求めて資金造成面で支援しようということになった。そして、保導委員のなかから七名の募金委員を選び、急いで寄付募集にあたることになった。

この知らせは近藤を感激させた。なお、保導委員というのは、大正一一年に北海道庁が定めた保導委員制度に根拠を置き、昭和一一年に方面委員にかわり、同二一年に民生委員となり、同二三年には児童委員を兼務した。

建築工事は順調にすすんで、この年の一二月には本体建物が姿をあらわした。昭和六年一月七日づけの「小樽新聞」は、「全道を代表する札

幌の盲唖学校　校舎の新築成って内部の諸設備整えて開校」の見出しで、工事の進行状況を記しながら紹介した。

札幌盲唖学校は事業進展に伴い、狭隘のため昨年工費四万円にて改築することとなり、年内すでに校舎新築落成したので、本年は内部諸設備を整えて開校することになった。

これが全く完成の上は殆ど東洋に誇るの特殊教育機関で、独り札幌のみでなく北海道の代表的施設となるだろう。同校は盲部、聾唖部の外、実業部の設けもあり。実業部には印刷、木工、裁縫、洗濯、手芸、美容、園芸の各部を設け、不遇者をして卒業後も不安なきよう安全地帯に置こうという合理的計画を立てている。

深宮によると、二階建ての本格的な校舎で、一二教室を中心にして一階に寄宿舎六室、二階には講堂兼体操場をそなえた。敷地内には、職

昭和５年に新築した私立札幌盲唖学校
『札幌市社会事業のおいたち』（昭和45年）より

員家族が住めるように家庭舎（八畳間）として八部屋用意した。これは、障害児・者に対する偏見が強かった当時、すすんで盲唖学校教育に従事しようとする市民が少ないことを見越して、住宅提供によって動機づけの効果をねらったものと思われる。同時に、家庭舎にはいる職員には、夜間、休日における寄宿舎生の指導の役割も期待した。

もう一つの特徴は、深宮友仁の協力を得て職業訓練施設をつくったことである。生徒・職員

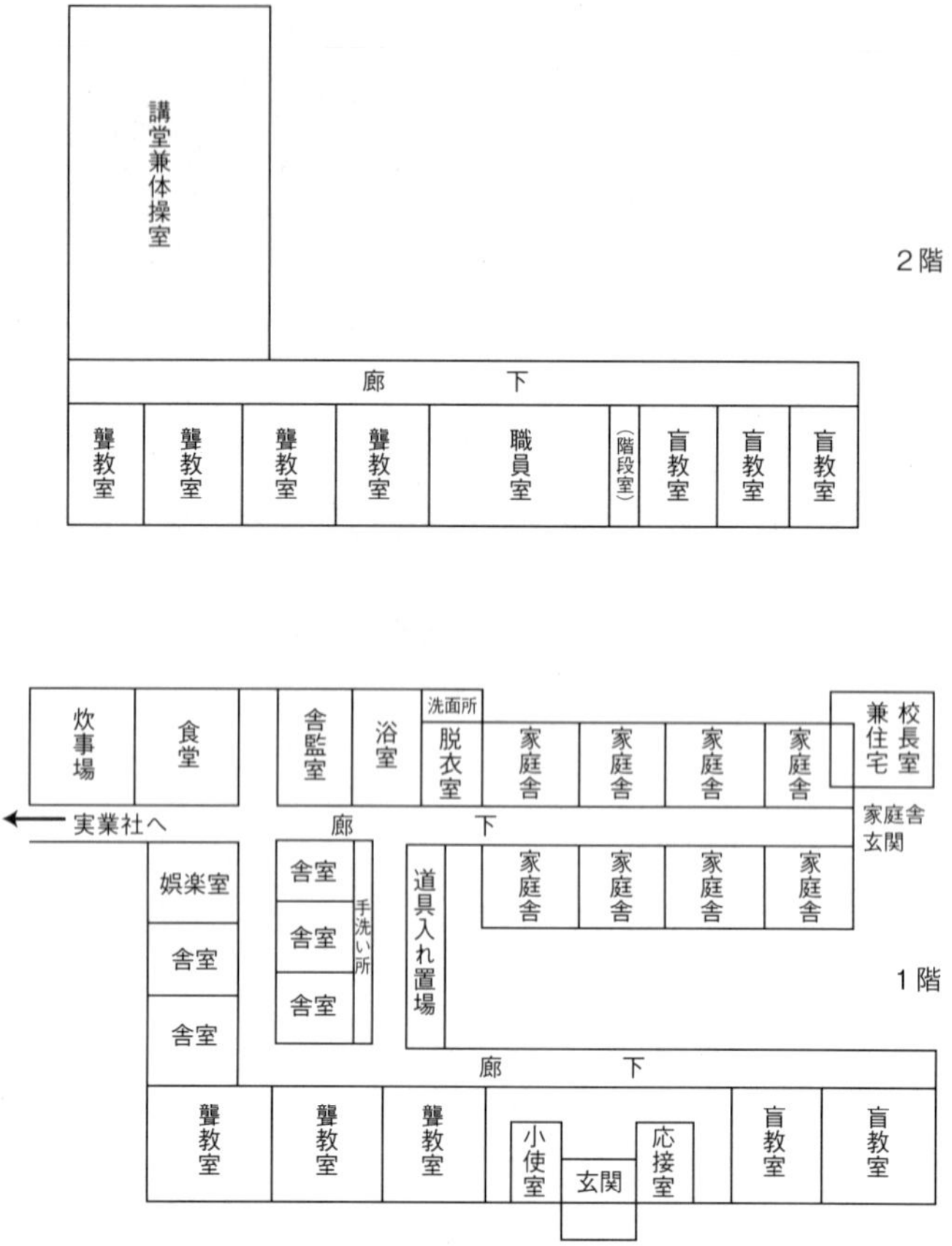

札幌盲唖学校新築校舎の平面図（1階と2階）
深宮友仁『わが夢五十年の歩み』（昭和54年）より

家族との共同生活といい、学校敷地内の職業訓練施設といい、私立学校ならではの自由度である。

3 札幌市民に新校舎公開

昭和六年（一九三一）五月一日に新築校舎を市民に公開した。落成記念式典を催したという記録はないが、深宮の『わが夢五十年の歩み』によると、このときには北海道会や札幌市会の議員をはじめおおぜいの参加者を得ることができた。そのなかには佐藤政次郎（私立函館盲唖院校長）、駒嶺末次郎（私立小樽盲唖学校長）、南雲《なぐも》総次郎（私立旭川盲唖学校長）、さらには西川吉之助《よしのすけ》（滋賀県立聾話学校長）もいた。とくに、職業訓練施設における機械類の充実ぶりは参観者の目をうばい、近藤兼市と深宮友仁の説明にはいっそう力がこもった。

近藤の盲唖教育へのとりくみは、不況の色濃い世相のなかで心あたたまる美談として、市民からは共感と称賛の声があがった。とりわけ、中島公園近くの新築校舎は市民に広く知られようになり、高等女学校を卒業してまもない若者からは、常勤で奉仕活動をしたいという希望が集まったという。

勢いを得た近藤は盲唖教育を普及させるため、五月八日の「北海タイムス」に募集広告（左頁）を出した。

一般に、学校運営には管理や教育活動に関する組織図が不可欠だが、札幌盲唖学校の組織図は残されていない。この生徒募集の広告のなかには学校組織がかろうじて残されている。それによると、盲唖学校を教育部と実業部に分け、教育部の下に聾話部（幼稚教育・普通教育・実業教育）と盲部を置いた。また、実業部の下には、大日本聾唖実業社と大日本盲人実業社を置いた。

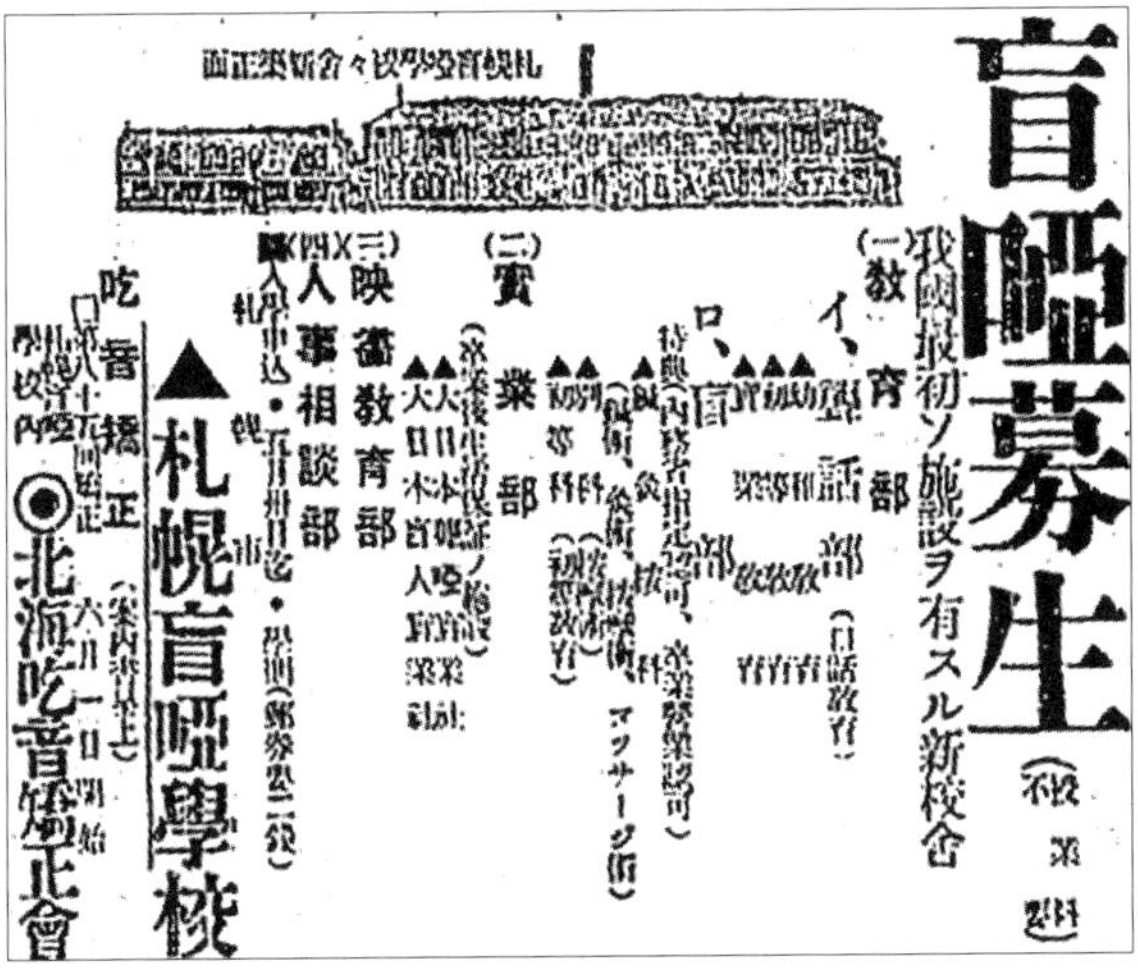

盲唖生募集広告
「北海タイムス」(昭和6年5月8日）より

この広告には、「札幌盲唖学校内北海吃音矯正会」の名称で、「第八五回矯正会を六月一日に開く」という予告を出していることから、近藤が吃音矯正学院時代の吃音矯正をつづけていたことがわかる。これとは別に夏、冬などの長期休業中には、大人を対象とした吃音講習会を開き、講習料を得て学校運営資金に充当した。なお、子どもの吃音矯正にあたって指導料を受けとることはなかったという。

六月一八日には、校舎新築が契機となって札幌盲唖学校後援会が発足し、新校舎二階の講堂で第一回役員会が開かれた。目的は盲唖学校運営を資金面から支援することとし、会員募集に関する諸手続きが承認された。このときには顧問の丸山鶴吉貴族院議員も出席し、会長に阿由葉《あゆば》宗三郎元北海道会議員、副会長には福島利雄・中実《なかみのる》の両市会議員ら地元有力者が就いた。

4 大日本聾唖実業社と職業教育

近藤兼市は、卒業後の自立的生活をはかるために、盲唖生徒の職業教育を充実させる方針をもっていた。

盲部においては、自身が按摩鍼灸師である岸尾守義、小野好次の助言を得て、盲部別科の卒業と同時に免許を得られるようにするために、按摩術鍼灸術の内務省免許指定を申請した。この免許指定は内務省の所管であり、道庁を経由して認可申請書類を提出し、昭和三年（一九二八）二月に認められた。按摩術（マッサージ術を含まず）の免許指定を受けたことにより、盲部別科の卒業生にかぎり、卒業証書の写し、健康診断書、申請書をそえて警察署に提出するだけで免許が交付されるので、それまでのように卒業後に検定試験を受ける必要はなくなった。学校の職員はもちろん、関係者一同の喜びは非常に大きかった。さらに昭和五年（一九三〇）二月には、盲部鍼灸科も内務省免許指定を受けることができた。

聾話部では、北海吃音矯正学院の時代から裁縫と印刷の指導にとりくんだ。深宮友仁・クニヱ夫妻による熱心な印刷指導で技術が向上して注文がつづき、近所の民家を借りて作業所にするほどになった。

近藤は、昭和八年の月刊「聾口話教育」に「大日本聾唖者《ママ》実業社」と題する一文を寄稿し、聾唖者の職業教育について述べている。これは新築校舎の一般公開のときに参観し、聾唖実業社の威容に注目した西川吉之助が、自身の編集する月刊誌に寄稿を依頼したものであろう。

当時一般聾唖者を観るに、家庭に、学校に、将又《はたまた》社会生活に、社会人として進む上に遺憾に堪えざる状態を呈し、進んでその原因等を考察した結果、それは聾唖教育と実生活との関係について、その指導施設に欠くる所ある結果なることを知った。

聾教育は故に普通教育と実業教育乃至《ないし》その実業的施設連絡せねばならぬという考えを起こし、かくて社会の実生活と密接なる連絡を行われるものであるという結論に達し、この方針のもとに実業部（印刷、和服裁縫）を設け、聾者をして智識の修得と共にその技術の錬磨に努めしめ、一般社会人に接しめた。

時、偶々《たまたま》深宮友仁、聾唖の保護、救済に対し心よりの同志として実業部に入り、前述一般聾唖界の欠陥排除のため努力し、且つ維持経営は実業生産に依るべき方針を立てた。

> かくて年々木工部、手芸部、ミシン部、美容部の増設を行い、諸機械器具購入をなし、愈々《いよいよ》その伸展をみた。而《しこう》して昭和六年五月実業社新築移転と共に、諸事業範囲を拡張し、大日本聾唖実業社を目指して、道内は勿論、内地府県又朝鮮、台湾等より希望申込を受け、氏、その若干は之を許して入社指導をうけつつある現状である。

近藤は、盲者の資格認定制度に比べて、聾唖者の社会自立に向けた職業教育の立ち遅れを痛感していた。聾唖者が一生困らないようにするためには、手に職をつけるに如かずという考えをもっており、文中では聾唖教育と社会をつなぐ中間的な職業訓練施設の重要性を強調した。

文中に記した「社会人として進む上に遺憾に堪《た》えざる状態」には、聾唖者の技術水準のこともさりながら、障害者が周囲の人間から受けている、いわれのない差別や蔑視に対する憤然たる思いが込められていると思われる。また、聾唖者を雇用してくれる事業所を開拓するのはきわめて困難だった。意欲も技術も高い卒業生が雇用に結びついたとしても、報酬面と職場での生活面で差別的な待遇を受けることが多く、近藤はそれを聞くたびに、聾唖者に対する蔑視と無理解を嘆きつつ、社会啓蒙の決意を固めた。

近藤は深宮となんども協議を重ねた。卒業生が偏見や差別を受けることなく、一定の収入を得て生活できるようにする方策を話し合った。そして、これまで経験のある印刷や裁縫のほかに、聾唖者の特性に合った作業種目を洗いだして検討した。そして、卒業生を対象とした職業訓練施設として、それまでの聾唖実業部を発展させて、「大日本聾唖実業社」（以下、聾唖実業社という）を発足させた。その代表者に就いた深宮が、東京での学生時代に書生として世話になった丸山鶴吉（当時貴族院議員、全日本私設社会事業連盟理事長）を聾唖実業社総裁にむかえた。なお、職業訓練で生じた収益金で聾唖実業社を経営し、一部を盲唖学校に寄付して学校運営資金に充当することにした。

札幌盲唖学校に隣接した職業訓練施設「大日本聾唖実業社」
深宮友仁『わが夢五十年の歩み』（昭和54年）より

深宮によると、近藤は札幌盲唖学校の敷地の一部を聾唖実業社に無償貸与し、中等部在学中から連携して技術向上を図るために、学校と訓練施設を廊下でつないだ。聾唖実業社は、二階建ての工場社屋（一六二坪）、平屋建て寄宿舎（五〇坪）、平屋建て静養所（二〇坪）を擁し、作業種目として印刷部、理髪部、木工部、洋服部、和裁部、印章部、園芸部を置いた。定員は五〇人とした。

このとき、聾唖実業社事業と連携する近藤の姿勢は、周囲に懸念を与えたようである。札幌で活躍する人物像を紹介した『現代札幌人物史』は、近藤を取りあげて次のように評した。

…（前略）… 殊にその事業家たる才腕は天資《てんし》の雄、兎もすれば、氏がこの事業の母胎たるべき惻隠《そくいん》の心、仁慈《じんじ》の情は、広大威圧の事業器量に蔽はれて、存在を疑わるるは氏のために悲しまざるを得ない。事業は才腕能く是れを長成するも、聖業の育成、至誠真心の他に断じてあるべからず。

盲唖教育に向かう近藤の情熱と聾唖実業社との連携の妙が功を奏して、世間から高評価を受けていることを認める一方で、盲唖教育者としての初心を忘れたかのような職業訓練事業重視への変質と映ったようである。

5　唐突な財産差し押さえ事件

建築資金四万円のうち二万円を募金活動で援助するという、札幌市保導委員会協議会の成果にかかわる記録は残ってないが、建築資金確保になんらかの見こみ違いが生じたものと思われる。そこで昭和六年（一九三二）一一月には、白井請負師との間で、あらためて「建築請負代金支払契約証書」を作成し、総額三万九、六九一円の返済計画を取りかわした。この証書には、債務者近藤兼市、保証人には阿由葉宗三郎、福島利雄、中実ら後援会役員六名が名前を連ねた。

ところが、白井請負師は一二月二五日に、校舎建築費の支払いが滞ったとして、保証人となった後援会役員を相手に財産差し押さえの訴訟を起こした。ちなみに右の代金支払契約証書では、四回の分割返済とし、次のように期限が設定されている。それによると、

一回目　一万四、三二五円（返済期限・昭和六年五月一六日）
二回目　五、〇〇〇円（返済期限・昭和六年一二月二五日）
三回目　七、五〇〇円（返済期限・昭和七年五月一六日）
四回目　一万二、七六六円（返済期限・昭和八年四月三〇日）

一回目は、北門銀行からの借入金一万五、〇〇〇円で返済しており、この訴えは白井請負師が二回目の返済期限日に起こしたものである。この日までに白井請負師と近藤の間で返済に関する交渉事が首尾よくすすまなかったのか、または債権者側に資金繰り事情があったのかは不明である。深宮によると、白井請負師は、道会議長、市会議員らの有力者が代金支払契約証書の保証人になっていることから、強く出れば建築費をいっきに回収できる、という見込みで起こしたらしい。

この直後には、騒動を知った債権者が、われ先に売掛金を回収しようと盲唖学校に押し寄せた。遂には、寄宿舎生徒の食事をまかなうための食料品は現金での購入を求められたり、厳冬期の石炭購入に行きづまるような状況に陥った。

近藤らは弁護士を立てて対抗措置をとったものの、なかなか解決に至らず、五、六年後には沙汰やみとなった。しかし、この請負師の思いつきのような暴挙に払った代償は、あまりにも大き過ぎた。近藤に対する市民の信頼感を壊滅的に傷つけたことにとどまらず、後援会役員は、無謀な請負師を相手にトラブルを起こした近藤に不信感をつのらせ、ほとんどの者が離れていった。このために、教育活動の原資となる寄付金募集活動は急激に収縮していったり、慈善奉仕的な動機で勤めていた職員からは退職者があらわれた。

後年、近藤が校舎を売却し、御影村移住に追いこまれる遠因となった騒動である。

6　慢性的な学校運営資金の不足

近藤兼市の学校にかぎらず、全国の私立盲唖学校のほとんどは慢性的な資金不足に陥っている。その理由は、公的資金が投入されないことから、歳出額の約八割を占める人件費をはじめ、暖房費、修繕維持費などをまかなう学校運営資金の財源は、自治体からのわずかな補助金に加えて、文部省の補助金、宮内庁からの御下賜金や不安定な浄財に頼らざるを得なかったことによる。さらに札幌盲唖学校の場合は、寄宿舎生活費の滞納率が高いことも拍車をかけた。

そこで近藤は、聾唖実業社の深宮に相談をもちかけては、職業訓練で生じた収益金のなかから寄付を受けて、急場をしのいだこともすくなくなかった。また、夏、冬などの長期休業中に、大人を対象とした、二、三週間にわたる吃音講習会で得た講習料を職員の給料に充てたりした。しかし、いずれも焼け石に水で、問題の解消にはならなかった。

昭和一一年には、教員への給与未払いを理由とするストライキが起こった。この原因は、近藤校長が資金ぐりのために札幌や小樽で奔走している成りゆきから、校長と職員の間で意思疎通を欠いたり、あるいは、噂を真に受けたりして感情の行きちがいを生じたものだった。後援会理事が仲介にはいって相互の不信感は収まったものの、新聞紙上で醜聞として報じられ、評判を落とすことになった。これもまた請負師による暴挙の影響である。

学校経営資金不足は慢性的な状況となり、近藤は寄宿舎生の食料品や石炭などを購入するため、後援会役員の中実から金銭的支援を得て急場をしのいでいた。中実は、近藤の盲唖教育に共感し、昭和六年の財産差し押さえ事件で多くの役員が辞任したなかにあって、変わることなく支えつづけた。学校運営資金調達に窮した近藤に対し、数百円から二、〇〇〇円の範囲で私財を貸し出し、幾度もその危機を救った。返済した近藤に戻した借用証類が現存しており、それを物語る。

中実《なかみのる》（一八七〇〜不詳）は、奈良県出身で、明治二二年キリスト教系の私立大阪泰西学館を卒業後、小学教員検定試験に合格。函館で商業を営んだあと免囚保護事業を始める。札幌監獄や北海道庁等に勤務後、大正一四年に退職し、札幌市山鼻で農業経営に従事。そのかたわら火防衛生組合長など十指を超える公職を務めた。昭和五年、候補者乱立の札幌市会議員選挙では超然とした理想選挙を掲げて当選。このとき六二歳。同九年再選し同一三年まで務めた。札幌市会では社会事業調査委員会に所属し、陰に陽に近藤の学校経営を支援した。

中実は昭和一〇年、近藤と深宮に呼びかけて打開策について相談した。中実には名寄町近くの国有林二〇〇町歩に心あたりがあり、この一〇分の一の材木を切り出せば学校の借金を返すことができる、というものだった。中実と深宮は現地にとんで下交渉を重ね、成算をもつに至った。深宮の『わが夢五十年の歩み』によると、中実は、「学校のいままでの借金一切を支払い、かつ将来の財産をもつには学校も実業社も財団法人の組織にすることが早道である。ついては、聾唖実業社総裁の丸山鶴吉先生から北海道長官への働きかけをお願いして、山林を払い下げてもらうようにしたい。」と提案した。

そこで中実と深宮は、昭和一一年（一九三六）二月二五日に札幌を発ち、丸山鶴吉に会うために上京した。ところが、二・二六事件に遭遇したために渋谷に住む丸山に会うことはかなわなかった。翌日施行された戒厳令は、その後約五か月つづき、財団法人化計画はとん挫した。この計画の一部でも実現していたら、札幌盲唖学校は泥沼状態を脱し、その系譜は戦後も存続していたであろう。

第三章　生徒増の活気とさまざまな難儀

1　札幌盲学校と札幌聾話学校に分離

白井請負師が起こした事件によって窮地に陥った近藤兼市だったが、昭和六年（一九三一）一二月二八日に文部大臣の認可を受け、かねてより計画していた盲・聾分離の手つづきを済ませて道庁に報告した。これは、「盲学校及聾唖学校令」（大正一二年公布）の規定にもとづいたもので、札幌盲唖学校を私立札幌盲学校と私立札幌聾話学校に改称した。同一校舎に二つの学校を併置する形態で、近藤が両校の校長を兼務した。

この当時、全国的には「聾唖学校」という校名が一般的だったが、近藤はあえて「聾話学校」とした。これは、口話法による指導をすすめていた近藤がこだわったものであろう。この背景には、大正一三年ごろに吃音児や聾唖児の指導を受けた村上求馬（日本聾話学校副校長）から、私立日本聾話学校の名称の由来を聞いていたことによると思われる。つまり、日本聾話学校の創立者A・K・ライシャワーは、手話法全盛の日本に口話法を広めるために、「聾ゆえに唖」ではなく「聾なれど話す」という理念で名づけた経過である。このことを語ったであろう村上に影響を受けて札幌聾話学校という校名にしたことは想像にかたくない。

札幌盲学校・聾話学校の学則、学校組織、教育活動、職員や在籍児の実態、カリキュラムなどに関する公的な資料は、疎開した御影村で焼失したのでまったく残ってない。ここでは数すくない資料から教育内容、方法を探ってみたい。

昭和一六年発行の『北海道社会事業団体誌』に掲載された学科目表がある。

札幌盲学校

科別	修行年限	学科
初等部	六年	修身、国語、算術、歴史、地理、理科、手工、唱歌、体操
中等部	四年	修身、国語、数学、理科、医学提要、鍼灸、実習、唱歌、体操
予科	二年	修身、国語、算術、医学提要、按摩術

札幌聾話学校

科別		修行年限	学科
初等部		六年	修身、国語、算術、歴史、地理、理科、図画、手工、手芸、体操
中等部	裁縫科	四年	修身、国語、数学、理科、図画、家事、裁縫、体操
中等部	工芸科	四年	修身、国語、数学、理科、図画、工芸、体操
予科		二年	談話、歌等

札幌盲学校・札幌聾話学校の学科目表
北海道社会事業協会『北海道社会事業団体誌』(昭和16年) より

公立私立盲学校及聾唖学校規程（大正十二年八月二十九日文部省令）が示した内容に従った学科目を用意した。

また、「盲学校及聾唖学校令」の第七条には予科、研究科、別科を置くことができるとされており、近藤は聾話学校にのみ予科を設置した。実際には幼児のほかに、就学年齢を過ぎて入学する子どもが主たる対象となっていた。予科では、近藤が新入児の行動や談話の様子を観察してから、五十音の勉強、数の理解などを予備的に指導し、しかるのちに該当学年に編入させた。

白井請負師による財産差し押さえ事件でつまずいた近藤の学校では、歳入金が慢性的に不足しつづけていたが、それとは無縁のように生徒数は増加していった。『札幌教育史』によると、昭和五年の六五人から、盲学校・聾話学校に分離した翌年には九七人に急増し、その後は一三〇人前後で推移した。

　昭和一四年以降の統計資料はないが、同二〇年までの札幌市の人口増加率が一一％を超えて

年度	札幌盲唖学校	札幌盲学校	札幌聾話学校
大正14年	（不明）	7月、北海吃音矯正学院を開く	
大正15年	(38)		
昭和 2年	44	6月、札幌盲唖学校を開く	
昭和 3年	72		
昭和 4年	76		
昭和 5年	65		
昭和 6年	97	（12月28日、盲と聾話に分離する）	
昭和 7年		39	80
昭和 8年		39	96
昭和 9年		43	82
昭和10年		45	88
昭和11年		51	80
昭和12年		（不明）	
昭和13年		48	90

在籍生徒数の推移
山崎長吉『札幌教育史』中巻（平成4年）より

いることから、児童生徒数も増加したと思われ、集団での教育活動が活発に展開された。昭和九年（一九三四）七月に第八回盲唖教育北海道部会並びに第二回全道盲学生雄弁大会が私立札幌盲学校を会場にして開かれ、翌年八月には全道聾唖学校卓球選手権大会を開催し、昭和一三年度から北海道聾唖学生卓球大会が開かれることになった。

2　ヘレン・ケラー女史講演会での変事

昭和一二年（一九三七）六月にヘレン・ケラー女史が札幌をおとずれた。二四日には、札幌盲学校・聾話学校と大日本聾唖実業社と札幌市役所の三者共催でヘレン・ケラー女史講演会が、札幌市公会堂で二回にわたって開かれた。一回目は午後一時から社会事業関係団体、盲唖学校関係者、札幌師範学校学生、一般市民一八〇〇人を集めて開かれた。

六月二五日づけの「小樽新聞」によると、講演会の前に盲学校と聾話学校の生徒が学習の成果を発表した。盲学校生徒は点字学習の様子、琴の合奏、ピアノ・ハーモニカの演奏を披露し、聾話学校生徒は日本舞踊、児童劇を発表した。ヘレン・ケラー女史はトムソン秘書、岩橋武夫夫妻とともに壇上にあがって、合奏中の生徒一人一人にさわり、岩橋通訳をとおして「私も音楽は好きです」と言って演奏をほめたたえたという。

この日のもう一方の主役を務めた盲学校と聾話学校の生徒たちの活動は、多くの感動を与えるとともに、盲唖教育の啓発を図る役割を果たした。

このとき近藤は、盲唖教育普及の千載一遇の機会ととらえ、入念に準備した。講演会に先だってあいさつをすることになっていたが、直前に急性虫垂炎を発症した。学校のそばの保全病院で手術を受け、その四日後には、医師の制止にもかかわらず札幌市公会堂に向かった。聴衆に向かって、盲唖教育の必要性や札幌盲学校・聾話学校の教育の概要とその成果について説明したものの、術後の安静期間に腹部に力をいれたために患部には癒着を起こした。このことが術後経過に悪影響を与えたようで、近藤は腹部にできた大きなコブとその痛みを常に気にかけながら生活することになった。

3　盲学校・聾唖学校設置義務と道庁の対応

学校運営資金の窮状をみかねた後援会役員や保護者のなかには、「個人や民間の力だけで私立学校を経営するには限界が来ている。盲学校及聾唖学校令は北海道庁に設置義務を課しているはずだ。道庁に対してもっと強く請願するべきだ。」と近藤兼市に進言する者がいた。しかし近藤は、私立学校ならではの自由度がなくなると言って受けいれなかったという。

大正一三年から施行されている盲学校及聾唖学校令では、道府県に対して盲学校と聾唖学校の設置を義務づけたが、盲唖児の父母・後見人に対して就学義務を課さなかった。その理由として、全国的にも私立盲唖学校が大半で、盲児・聾唖児の実態が把握できていないこともあろう。「第三次小学校令」（明治三三年）では、障害のない子どもに対して四年間の厳格な就学義務を課した一方で、盲唖児らは就学免除の対象として公教育の対象から遠ざけられていた処遇状況に大きな変化を与えることはなかった。

北海道における盲学校及聾唖学校令への対応は、昭和二年に財団法人小樽盲唖学校を庁立代用学校に指定して補助金（二、五〇〇円）を措置した。他方、函館、旭川、札幌の盲唖学校にはこれより少額の補助金を措置している。参考までに昭和一〇年度小樽盲唖学校の決算書によると、歳入（一〇、六六八円）に占める補助金全額（三、〇〇〇円）の比率は二八％程度にすぎず、他の盲唖学校は推して知るべしである。

各府県では、勅令の規定を実現するために私立盲唖学校を府県立に移管したり、府県立の学校を新設してとりくんだ。大正一二年から昭和一〇年までの間に私立から府県立に移管したのは二六府県、新設したのは七府県である。

当時の北海道会でもこの件で質疑応答が重ねられた。

勅令公布直後の大正一二年から庁立盲学校設置を表明する前年（昭和一六年）までの一八年間に、延べ二二人の議員が道庁の担当部局の考えを問いただしている。議員らは担当部局に対して、私立盲唖学校に対する補助金増額のこと、私立盲唖学校の代用学校指定のこと、私立盲唖学校の庁立移管のこと、庁立盲学校・聾唖学校の設置のことにかかわって指摘や質問をくりかえした。しかし道庁の回答に、はかばしい進展はみられず、勅令施行後一四年が経過しても、道庁では本格的な検討がなされなかった。

さらに昭和一五年には、議員から道庁立の学校を設置する計画の有無を問われると、学務部長は、「甚だ遺憾だが庁立学校は本道にはない。まことに遺憾に考えている。いまは小樽の学校を代用にして、表面を糊塗しているような状況である。できるならば本年からでもやりたいと思ったが、なかなかそういうわけにもいかないので、それで本年は補助費を増額している。」と行政の不作為を認めた。行政部局長自らが「表面を糊塗しているような状況」と悪びれずに答弁するのも珍しいが、勅令で示した設置義務を履行する意識の欠落が見てとれる。

昭和一六年（一九四二）一月、道庁が先送りしている庁立移管の結論を待ちきれない南雲総次郎（旭川盲唖学校長）は、函館、小樽、札幌の各盲唖学校を訪問した。南雲の意図は、四つの盲唖学校がすべて庁立に移管されるように、共同して庁立移管運動を起こすことだったが、各校長の態度は一様ではなかった。近藤は賛同しなかったようである。先述したように近藤は、学校敷地内で卒業生と在学生対象の職業訓練をおこなうという柔軟な発想で運営していたが、庁立移管の際には私立学校ならではの自由度がせばめられることを警戒したものであろう。

道庁としても、四校のほかに室蘭、帯広の二校があるので、時局上全六校の庁立移管は不可能であり、さりとて六校のなかの一校のみを移管することも容易ではなかった。

4　大日本聾唖実業社の閉鎖

近藤兼市が聾唖実業社の収益金から学校経営資金に注《つ》ぎこむ回数が多くなるにつれて、深宮友仁はその方法に不信感を抱くようになり、二人の距離はしだいに離れていった。

昭和一四年、札幌市に銃後報国会が発足し、傷痍《しょうい》軍人や軍人遺家族の職業指導として洋裁、洗濯が取りあげられた。道庁は、これをおこなうために大日本聾唖実業社を買収して、北海道社会事業協会附属厚生社として発足させ、深宮がその経営にあたることになった。大正一四年からつづいた二人の同志的関係はここで途切れた。

札幌盲学校を経て官立東京盲学校を卒業し、母校の教員になった清水彰は、近藤から聞いた状況を記録した。

私は、昭和一五年四月に私立札幌盲学校に赴任しましたが、盲学校も聾話学校も以前のような活気がない上に、印刷部や木工部などの音もなく不思議に思い、私なりに調べた結果、聾唖実業社は閉鎖していました。理髪部へ散髪に行くと、全く知らない人が出てきました。

聾唖者の職業教育にことのほか情熱をもっておられた近藤校長先生にお尋ねしましたら、「日支事変の長期化に伴い、仕事の量は増えたものの、かんじんの職員が出征や徴用によっていなくなり、とうとう深宮先生一人になってしまい、印刷機さえ動かしかねる有り様。遂に閉鎖を決意した。そして七、八人の卒業生の雇用を条件にして、小樽の印刷会社に売却した」とのことでした。木工部も同じ理由で閉鎖したということです。（清水彰『私立札幌盲唖学校に関する回顧談』一九五〇年頃）

近藤は、採用して間もない教え子の清水教員に対して、聾唖実業社閉鎖の事情をこのように説明した。最盛期には四〇人を超える卒業生が働き、聾話学校生徒が実習にとりくみ、活気のある声と機械音があふれた職業訓練施設は静まりかえっていた。

第四章　卒業生の自活をめざして

近藤兼市は、盲・聾唖という障害児・者のみならず、知的障害を併せもつ重複障害児・者の処遇にも心をくだいた。聾唖実業社の仕事をとおして自立的な生活を送る卒業生があらわれる一方で、重複障害のために卒業後の進む先が決まらずに、親元に帰さざるを得ない者や行き場のない者の処遇に腐心していた。

そこで近藤は、昭和一〇年（一九三五）三月に特殊教育と社会事業に関する研究会を発足させ、重複障害のある生徒のために卒業後も学べるようにするために別科を設置した。さらに昭和一二年（一九三七）七月には、学齢期からの指導を充実させるために特殊学級を設けた。重複障害児を対象にした学級をつくる際には、教室や教員の確保の面で私立学校予算の制約を受けるものの、どうにかして卒業後の生活の場を確保しようとする近藤の教育的信念をあらわしている。

近藤の学校には身寄りのない卒業生、重複障害のある卒業生が常におり、学校運営資金が逼迫するなかで、その者たちの食料を含む生活費が年々増えていることへの対策が求められていた。

1　塘路湖《とうろこ》湖畔での試みがとん挫

昭和一五年、一三回目の創立記念式典をおこなったあとに、近藤兼市は臨時の職員会議を開いた。そして、札幌聾話学校の職業科として農芸部の新設を告げたあとに、釧路市在住の松本敦雄という支援者を紹介した。次いで、釧路管内標茶《しべちゃ》村の塘路湖畔にある松本所有の畑地と建物を

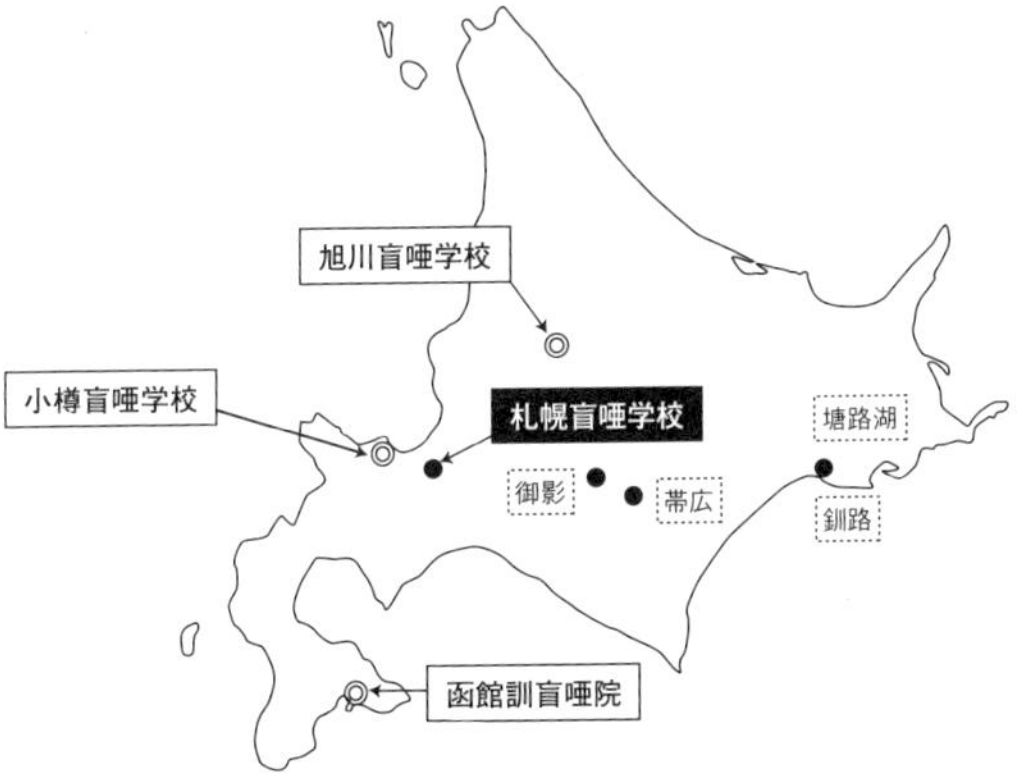

近藤兼市ゆかりの地

借りて農芸部を展開する考えを示した。松本は釧路市で無尽《むじん》会社専務を務めるかたわら僧籍（浄土真宗）にあった人物である。近藤との関係は不明だが、松本はこの時期の近藤にとってかけがえのない理解者だった。札幌から三五〇キロも離れた塘路湖畔で展開することに大きな不安を覚えたが、松本の善意にすがることにした。

　昭和一六年の秋、塘路湖畔に卒業生を対象にした「聾唖職業研究所」（左の記事には牧農指導所とある）

を開設した。このときに札幌聾話学校農芸部も併置して在学生も対象にした。農業実習指導ができる人材を探していた近藤は、聾話学校在籍生徒の兄佐藤繁善が農場作業の経験があることを知った。近藤が塘路湖畔の計画を伝えると理解が得られたことから、佐藤を聾話学校職員に採用した。そして昭和一七年の春、佐藤繁善を聾唖職業研究所指導員として、一五人の卒業生や生徒とともに塘路湖畔に派遣した。はじめての場所で自給自足の生活をめざし、畑地開墾や野菜づくり、牛馬飼育の実習にとりくんだ。

このことについて、昭和一七年（一九四二）七月発行の雑誌「聾唖の光」に、同年四月一七日づけ「北海タイムス」の記事を要約して掲載した。

人の世の恵み薄い聾唖の児童達を収容して、「よき指導者となれ」と心身の錬成を目差す。釧路国塘路湖畔に開設する札幌聾話学校塘

路牧農指導所は　近藤同校校長と湖畔の土地二十数町歩、附属建物一切を解放した釧路市興業無尽専務松本敦雄氏の温情に培われ　既に牛馬農耕具等一切の施設が完了したが、更に本月中に牧農指導員も来釧して諸般の準備を行った。
五月上旬より開設することになった薄幸の聾唖児童達が遙かに阿寒秀峰を仰ぎ、水明の湖に望んで開墾の聖鍬を揮い、主畜農業の経営法を習得。北方開拓の指導者として、希望の門出をする訳で成果を期待されているが、松本氏は同指導所出身者のために、塘路奥の牧農適地五十余町歩の所有土地を解放すべく計画している。

松本敦雄から住居、畑地の無償提供という全面的な支援を受けてはじめたものの、霧の多い土地柄と冷涼な天候に加えて、農業経験の不足がたたり、二年目の収穫も食料自給の水準にはるかに届かなかった。
この五七年後、卒業生たちがこのときの経験を話したことがあった。

「私たちは、湖畔の人たちから警戒されたようだった。そのときに受けた差別的な視線や振るまいは、いま思い出してもつらい。」

「農業とワカサギ漁を営んでいた湖畔のお二人は、私たちに近づいてくれた。そして荒れた畑での栽培方法を教えてくれたり、ときには食料をいただいたりした。あのお二人の親切はうれしかった。」

「いろいろな人がいるけど、お互いの距離が近くなるとわかり合えるんだよ。」

自給自足の目標にはるかに及ばない状態を知った近藤は、松本敦雄と善後策を相談したが妙案がなく、とうとう昭和一八年（一九四三）一一月に撤退することにした。卒業生が周囲から偏見や差別を受けることなく、自給自足ができるようにする理念ではじめた塘路湖畔への展開は、二度目の冬を間近にしてとん挫した。

近藤には、この者たちの生活の場を確保することが急務となった。

2　御影村で北海道聾唖農志塾建設

(1)　御影村に決まるまで

近藤兼市は、差別と偏見の眼にさらされることなく、同じ境遇の者たちによる自給自足の生活共同体づくりを構想していた。そして聾唖者の楽土《らくど》建設に着手することにし、場所は札幌から遠く離れた十勝管内御影村（現在の上川郡清水町の南部）とした。ここに決まるまでの記録は残ってないが、四名のキーパーソンを結びながら推察する。

前述の佐藤繁善は東月寒にある木村牧場で働いていた。近藤は、佐藤の案内で牧場主の木村辨三郎《べんざぶろう》を訪ねた。そして、卒業生が偏見や差別を受けることのない、自給自足できるような楽土建設の計画を説明したあと、それにふさわしい場所について悩んでいることを伝えた。

木村辨三郎は、牧場経営のかたわら農業経営者養成施設八紘《はっこう》学園（昭和五年、栗林元二郎創設）の開設に参画し、自分の牧場を実習農場として提供して、同学園の教育活動で中心的役割を担っていた。聾話学校で学ぶ佐藤の妹のことを知っていた木村は、近藤の立場にふかい理解を示して、栗林元二郎園長に相談してみることを約束した。

栗林元二郎は、大正八年に秋田県から十勝管内芽室村に集団入植して成功した。その経験談を聞いていた木村は、後日、園長室で栗林に近藤の話を切りだした。栗林は、芽室村から分村した御影村の状況を知りつくしており、さっそく旧知の吉雄與市《よしおよいち》御影村村長に近藤の計画を説明し支援を頼んだ。

吉尾村長は、直接近藤から障害者の実態と楽土建設計画を聞いたが、彼らが置かれている状況に憐憫の情をおぼえると同時に、その理念に共感した。そして、村会議題にあげて村民を啓蒙し、その候補地として御影村平和部落（現在の清水町御影平和）を定めて近藤に報告した。

（2）北海道聾唖農志塾の発足

近藤兼市は、塘路湖畔から撤退してきた者と札幌にいる卒業生（知的障害を併せもつ者を含む）の楽土建設を目的として、昭和一九年の雪どけを待って先発隊六人を御影村上羽帯《かみはおび》地区に派遣した。このとき佐藤繁善が塾長、近藤の次男昭が塾長助士を務めた。楽土の名称を「北海道聾唖農志塾」（以下、聾唖農志塾という）とした。

農志塾の建物は生活施設（三〇六平方メートル）と教育施設（二六四平方メートル）からなり、塾長は近藤校長が兼務し、副塾長には佐藤が就いた。塾生はおもに卒業生のなかで身寄りがなく、自活が困難な者たちであり、全員が自給自足できる楽土の建設をめざしていた。塾生と中等部生徒たちは農耕酪農場づくりをめざし、牛馬各二頭、綿羊三頭、ニワトリ五羽の世話をするかたわら、畑ではトウキビ、馬鈴薯、ソバ、麦、エンバク、デントコーンなどを栽培した。塾生の世話は佐藤繁善夫妻があたり、自給自足の生活がはじまった。

第五章　御影村へ集団移転

学校運営資金を確保するための借財はますますふくらみ、すでに限界に達していた。近藤兼市は、自説を曲げずに突き進もうとする手法に対して、周囲からさまざまな指摘があることも知っていた。孤立無援の状況になったものの、近藤はそれでもあきらめることなく学校存続の道を模索した。学校が存続できないことは、約二〇〇人の在校生の生活の場を奪うことになるし、いわれのない差別と偏見に満ちた地域社会に子どもたちを戻すことになることをだれよりも知っているのが近藤だった。

1　御影移住をよそに庁立盲学校が開校

昭和一七年（一九四二）一一月の通常道会において、新規計画に関する経費の中で庁立盲学校設置費約三三〇、〇〇〇円が承認された。近藤兼市はこのころに、学校経営が財政面で立ちゆかなくなることを見越して、盲学校・聾話学校を御影村に移転して存続させるという苦渋の決断をくだしたと思われる。

同一八年（一九四三）七月一五日に北海道初の庁立盲学校の開校式がおこなわれた。盲学校及聾唖学校令が施行されてからすでに二一年が経過していた。初代校長には官立東京盲学校教諭宮崎安が招聘され、開校準備に当たっていた。この日の開校式には近藤が来賓として列席し、三〇分ほどの祝辞を述べているが、どのようなあいさつだったのか、それを知る資料は見付かっていない。

ここで理解が及ばないのは、道庁が近藤の札幌盲学校を庁立に移管せず、庁立盲学校新設という方策をとったことである。中島公園近くにあった私立札幌盲学校は、昭和六年に文部大臣認可を受け、初等部・中等部・別科をそなえていたにもかかわらず、それを活用する形で庁立に移管しなかった。それは、北海道初の庁立盲学校に対して完全を期したいという道庁学務部の意気込みのあらわれなのか、庁立移管を望まなかった近藤の人物評によるものなのか、あるいは慢性的な借金財政を熟知していた当局が庁立に移管した場合の債務処理問題が影を落としたのか、いずれも推測の域を出ない。

2　札幌から御影までの片道切符

(1)　空襲に対するそなえ

太平洋戦争の戦局は日を追うごとに激しさを加えた。

昭和一九年（一九四四）三月の東京大空襲をかわきりに、攻撃対象を焼きはらう焼夷《しょうい》弾の集中投下による無差別爆撃は拡大してとどまるところを知らず、翌年にかけて国内主要都市は大規模空襲に遭った。

近藤兼市は、非常災害時に弱者になってしまう盲児・聾唖児の生命・安全を図るために、避難訓練・防火訓練に力をそそいだ。盲学校卒業生の記憶によると、避難訓練は二週間に一度の割合でおこなわれ、日中のみならず夜間の訓練もくりかえし実施した。防空頭巾をかぶった生徒らが避難する場所はいつも決まっていて、小使室の地下にある高さ約二メートルほどの石炭庫だった。弱視の生徒は全盲生の先に立って、「避難せよ！　避難せよ！」と、大声を張り上げて石炭庫に誘導した。一方、聾話学校の生徒の役割は、盲学校の生徒を誘導したり、手渡しで送った空バケツを用いて消火訓練をすることだった。

東京大空襲で下町が焼け野原になった五日後、政府は「大都市における疎開強化要綱」を閣議決定した。これにもとづいて建物強制疎開が実施され、全国で六六〇、〇〇〇戸が建物疎開の対象として指定された。道内の建物疎開該当都市は函館、小樽、札幌であった。建物疎開とは、都市部に火災が発生した場合に防火地帯を設け、重要施設への延焼を防ぐための措置のことで、その実態は家屋の破壊である。

札幌市では桑園《そうえん》・苗穂《なえぼ》間の鉄道線両側をはじめ、いくつかの地点が疎開場所として指定され、そのなかには札幌盲学校・聾話学校の北側を走る「南四条通豊平《とよひら》橋から電車線北側西一一丁目まで直線幅四五米」が含まれた。札幌市もいつ空襲を受けてもおかしくない状況になり、道外主要都市の被害状況から建物疎開は必至と考えられた。昭和二〇年一月には札幌市役所から近藤に対して、「子ども、年寄り、身体障害者は、強制ではないが、なるべく早めに疎開するように」とのよびかけがあった。

四月には、学校北側で民家の取りこわしがはじまった。

近藤は札幌市役所で校舎売却について協議した。その結果、家庭舎、職業科建物、校長住宅を除いた建物すべてを札幌鉄道管理局へ売却することにした。その売却金を債務弁済に充てようとしたものと思われる。

学校経営の行きづまりの原因は、聾唖実業社の閉鎖による歳入不足に加えて、道庁と市役所からの補助金額の据えおきや大人対象の有料吃音矯正会の実施困難などによるものだった。さらに、食事や暖房などをまかなう寄宿舎生活費を納入できない生徒が四割を超え、身寄りのない卒業生が増えてきたことも相当にこたえた。

これらをしのぐためには多くの支援者が必要であるが、孤立無援の状況だった。自分自身の考え方に自信をもち、判断のはやい近藤に対する人物評はあったとしても、この間の事情を知り尽くしていた道庁や市役所の無策ぶりは甚《はなは》だ疑問である。

(2) 新たな地への旅立ち

昭和二〇年のあるとき、校舎売却を決めた近藤兼市は沈痛な面もちで職員に告げた。

「札幌市役所から、強制はしないが、身体障害者は早めに疎開するようにとの連絡がありました。ついては、盲学校も聾話学校も御影村に疎開します。先生方は、疎開を希望する生徒をとりまとめておくように。」と伝えた。

近藤はこの直後に保護者会を開いた。無念さに声をふるわせながらここに至った経過を詫び、これからの御影村での計画を説明して協力を求めた。このことはまたたく間にすべての保護者と関係者に伝わった。低学年の子どもを手離すことをためらった父母は、やむなく中退させて家庭に置いた。なかには、私立室蘭聾唖学校や私立小樽盲唖学校に転校させた例もあった。戦時の混乱に加えて、子どもに教育を受けさせることができないという父母の悩みは、いっそう深刻になった。

昭和二〇年(一九四五)七月五日の早朝、札幌駅のホームには疎開する生徒の家族や札幌に残る子どもらがおおぜい集まっていた。国民服姿の近藤校長が見送りに来た人々に対して短いあいさつをした。二一七人の生徒らは、身のまわりの物がはいったリュック、肩かけかばん、ふろしき包みを持って列車に乗りこんだ。手荷物には、朝のうちに配られた二つのおにぎりもはいっていた。

校舎売却先の札幌鉄道管理局のはからいで、客車と貨車の三両編成による臨時列車だった。貨車には札幌に戻るときのために、ピアノをはじめほとんどの学校備品や教材を積み込んだ。

このとき、ひとつの逸話が生まれた。

五歳になる娘が北海道大学附属医院で聴覚障害の診断を受けたばかりの母親雀地貞《すずめじさだ》は、わが子に専門教育を受けさせたい一心で、医師から紹介された札幌聾話学校を訪ねた。ところが聾話学校では荷造り作業のさなかで、対応した近藤から御影村への集団移住計画を知らされ、茫然となった。

途方に暮れていた雀地貞は、札幌駅頭で御影村へ赴く一行を見送ったあと聾唖学校がない札幌で聾唖教育を求めて行動した。そして、聾話学校教員だった深宮クニヱに頼んで、数人の子供を集めて指導を受けさせた。病を得た深宮クニヱが指導できなくなった後は、父母らが新たにはじめた私立札幌星光聾唖学園を運営するかたわら、道立聾唖学校開設運動のリーダーとして活動し、昭和二四年に北海道立札幌ろう学校開校を実現させた。

(3) 二七〇人を受けいれた御影村

前述の第九代村長吉尾與市は、在任期間(昭和一六年五月～同一九年一一月)に、前述の栗林元二郎の紹介で近藤兼市と知遇を得たと思われる。吉尾村長は、盲・聾唖の障害特性に応じた受けいれ態勢を整えるために、近藤と綿密な連絡を重ねながら準備した。御影村移住という近藤の決断は、吉尾村長の共感的な理解がなければ実現しなかったであろう。

一行は御影駅に到着した。『清水町百年史』（二〇〇五年）にこのときの様子が記録されている。

激しい戦争のさなか、目や耳の不自由な大勢の子どもを急に受け入れるところはどこにもなかった。近藤校長の頼れるのは御影の聾唖農志塾ぐらいだったが、これだけ大勢の児童を収容する余地はなかった。

このとき近藤の言葉に耳を傾け、全面的に協力したのが旧知の御影村前村長吉尾與市だった。吉尾は村に協力を求め、伊藤金蔵村長・村会は、満場一致でこれら児童の受け入れを決め、その準備を進めた。こうして七月十二日までに児童二百二十七名、教師十二名、それに卒業生三十二名の合計二百七十一名の一行が御影駅に降り立った。

この日の移動に同行できなかった者は、その後数人ずつが断続的に御影村にはいり、生徒・職員の総勢は二七〇人を超えた。これほどの移入は、人口四、五〇〇人の御影村にとって難事業だったはずである。

生徒や職員の顔には一〇時間の長旅の疲れがあったものの、これからはじまる新しい生活への不安と緊張があらわれていた。貴重なピアノは、御影駅から仮校舎となる福井旅館まで荷馬車で運ばれた。

昭和一八年に札幌聾話学校教員となった田中皎一《こういち》（のち北海道ろうあ連盟長）が当時を回顧している。それによると、後述する「札聾報国隊」の隊旗と校旗を先頭にし、四列縦隊で三〇メートルの隊列を組んで役場前に至った。田中は、「吉尾村長殿にー、かしらー、右！」と号令を発した。そして伊藤金蔵村長にあいさつしたあと、割りあてられた宿舎に向かった。予定していた駅前の建物はすぐにも住める状態に整っていたが、建物の玄関ガラス戸には、まだ「福井旅館」の看板文字が残されていた。

七〇歳代になっていた盲学校卒業生の回顧談によると、福井旅館には盲学校生徒、盲人教師の清水彰、岸尾守義らがはいり、一番奥の部屋に近藤夫妻が住んだ。盲学校生徒らは雑魚寝しており、起床するとふすまのない押入れに布団をしまったあと、それぞれが持参した行李《こうり》を押入れのところに並べた。

聾話学校生徒と職員らは、さらに六キロの道のりを徒歩で上羽帯《かみはおび》に向かった。到着したとき、すでに陽は沈んでいた。うす暗いランプの灯の光を頼りに、女子は四〇坪ほどの塾舎で、廊下にも寝具を敷きつめて枕を並べた。男子は、別棟の未完成牛舎の二階をあてがわれ、その夜は疲れきった体を投げだして眠った。

近藤は、御影村に着いて一週間後、盲学校は福井旅館で、聾話学校は聾唖農志塾のある平和部落羽帯《はおび》地区で授業を再開させた。

吉尾與市村長は楽土建設を実現させるために、昭和一九年に作成した「村長引継書」のなかに、「聾唖営農報告会助成の件」の項目を書きこんだ。

聾唖者にして営農希望者を補導、農業技術及精神を収得せしめ、将来独立自作農家たらしむるは、不遇なる彼等の将来を安定せしむる社会施設なると共に、現下食糧増産、労力不足を緩和し、戦時国策に副う処大なり。依って札幌聾唖学校長其の他の発案により、「聾唖営農報国会」を組織し、我孫子代議士を会長とし、本村字平和部落に之が実習塾を開設。本年より生徒を収容し居れり。其の計画概要は左の如く、村内不作地の解消と農村充実に資するもの極めて多く、積極的に助成せらるる様、特段なる御配慮を望む。

本村に設置したる実習塾は、本年より毎年男女聾唖生約十名宛を収容、三年乃至五年間実習後男女一組宛結婚せしめ、独立自作農として入植せしむるものとす。

吉尾村長は、荒れ地開墾による食糧増産、労働力不足の解消、聾唖者への営農指導と定着を目的とした事業計画を次期村長の伊藤金蔵に示し、受けいれ事業の継続推進を託した。

人口二二〇、〇〇〇人を擁する札幌市は、近藤の学校にいる障害児・者の深刻な局面をみても手をこまねいて傍観するだけだったが、人口四、五〇〇人の御影村は、人間愛にあふれた村長の政治判断を信頼し、札幌から来た障害児・者の生活をしっかりと受けとめたのである。

万策尽きて札幌から離れようとしていた近藤にとって、まさに大海で浮木に出会ったような御影村の善意に感激した。吉尾與市と伊藤金蔵の手をとって、なんどもなんども感謝の意を伝える近藤の姿があった。

札幌を離れて六週間後には終戦となった。

3 御影村でつづいた窮乏生活

近藤兼市

平成一四年（二〇〇二）三月、七〇歳代になっていた盲・聾話両校の卒業生六名と近藤兼市の次男昭・三男修が、道立特殊教育センター（現在の道立特別支援教育センター）に集まって、当時の様子を思い出しながら話に花を咲かせたことがあった。移住後の生活の一端を知るために、このときの談話のなかからいくつか紹介したい。

（1）盲学校の授業では、病院や治療院がないので実習ができず、福井旅館での授業中心となった。実習は近所のお年寄りの家にうかがって、あんま、マッサージなどをさせていただいた。帰り際には必ず、「あんたら、大変だねえ」と言われて、野菜や大豆をもたせていただいた。あるときにはボタモチをもらったことがあり、甘いものに飢えていただけに、そのときにほおばった感じと味はいまでも口のなかに残っている。

（2）聾話学校の授業はほとんどなくなっていて、勤労奉仕が中心となった。盲学校でも授業のあとは、勤労奉仕として御影駅で日通の石炭貨車の荷おろしに汗を流し、非常に喜ばれた。放課後には盲生・聾唖生こぞって山菜取りをして、代用食の確保に懸命だった。

（3）物資窮乏とはいえ、とにかく食料事情が悪く、生徒、教師とも困窮度は最悪だった。そこで、理髪の技術をもった人が現地で理髪店を開かせてもらったり、洗濯石鹸をつくったりしていくばくかのお金を稼いで、食料調達資金にあてた。

（4）大人も子どもも皆、いつも腹をすかせており、なかには栄養失調になってしまって札幌に帰された子どももいた。

（5）食事はじゃが芋やカボチャばかりで、子どもたちは食料になるフキ、わらび、ウドなどの山菜取りやでんぷん、大豆、サトウキビなどの買い出し役だった。

（6）盲の生徒は縄につかまって一列になり、二キロほど離れたところまでフキを取りに行った。

（7）フキは大きな鍋でアクを抜いてから一センチほどに切り、でんぷんを入れて煮た。そのなかに米も入れた。ただ、米はフキの間から探し出すのが困難なほどごく少量だったが、結構おいしかった。

（8）じゃが芋は畑でたくさんとれた。でんぷんをとるための皮むき作業が大変で、じゃが芋の皮が山のようにうず高くなったことを憶えている。

（9）十勝の広大な畑での農作業は、つくづく聾唖者には向かないものだと思った。遠くで作業している友に急用があったときに、いくら大きな身振りで知らせようとしても気づかない。土くれを投げて知らせようとしても気づかない。仕方がないので傍らまで息せき切って駆けつけると、ようやく気づいてくれるが、突然の気配を熊の襲撃と勘違いされたことは何回もあった。塾舎に帰ってから、「あっ、熊だ‼」と驚いたことを再現しては、みんなで大笑いしたものだ。

（10）いま思いおこすと辛いことばかりで、夢中で過ごした毎日だった。人間というものはどんなに辛い場面にいても、楽しい遊びを考えたり、気分転換できるようなことを思いつくものだ。そうしないと息苦しくてたまらない。それに、同じ境遇の友といつも一緒にいたからこそ、切り抜けることができたのだと思う。

このときに卒業生が記憶をたどって描いたスケッチ画には、住宅、畜舎、畑地、水場、防風林の配置が示されており、全体像を知るうえで貴重である。

このころ、御影村にいた人々に悲しい話がもたらされた。

それは、札幌鉄道管理局に売却した校舎が、外地からのひき揚げ者用住宅に充てられることになったという話だった。これでは札幌に戻りたくとも戻るところがない状態となり、生徒も職員も立ちあがれないほどの悲嘆に打ちのめされた。

さらに悲しい出来事が起こった。福井旅館の裏手にあった倉庫には、札幌に戻ったときに使用するために貨車で運んできた黒板、机、いす、教材・教具、校旗、札幌時代の関係書類などを保管していたが、失火によってすべてを焼失してしまった。

御影村に移った生徒と職員たちにとって、札幌はますます遠くなった。

4　近藤兼市の心境

御影村での第二の学校づくりと楽土づくりを指揮する近藤兼市は、大小の問題解決に追われた。衣食住すべてにわたる耐乏生活は予想以上で、なかでも二七〇人の食糧確保は最優先の課題であり、村民の協力を得ながら一喜一憂する日々がつづいた。

近藤は、聾話学校は御影村で継続させる一方、盲学校は切り離して札幌に戻すという計画を立てた。これは、札幌に残した家庭舎を盲学校校舎とし、職業科の建物を盲学校寄宿舎と吃音矯正の教室にするというものだった。そこで、病身を押して御影村と札幌の間をなんども往復したものの、連合国軍の占領下、北海道軍政部による統治では障害者対策は顧みられることはなかった。

このころの近藤は、リウマチによる神経痛のために歩行困難となっていた。また、一〇年ほど前に虫垂炎手術の四日後に医師の制止にもかかわらず、ヘレン・ケラー女史の講演会であいさつをしたことが原因でこじらせた腹膜炎が悪化していた。これまで積極果断な行動で切り開いてきた近藤も、気弱になったようで、身近な者にこのようなことをつぶやくことがあった。清水彰の記録には近藤の述懐が残されている。いわく、

「社会事業は人の善意だけではとうてい支えられない。すくなくても社会事業家は資産家でなければならない。」

「本来、社会事業は国家がやるべきである。」

「札幌市は、『強制的に疎開しろ』とは指示してなかったのだから、札幌にとどまって吃音矯正に力を注ぎ、学校経営にあたっていたなら、状況は変わっていただろうに…。」

「長男の寛が戦死しなかったら、別の選択ができたはず…。」

「私は教師なので指導は得意だが、経営は不得手だった。さすがに深宮さんは実業家なので経営がうまく、その手腕にははるかに及ばなかった。深宮さんには大いに助けてもらった。私立学校の経営は実業家の才覚がないと務まらないものだ。」

この当時の近藤の心境をあらわした資料がある。

御影村疎開に同行しなかった生徒と御影村から途中で戻ってきた生徒の間には、つながりが生まれていた。昭和二一年にこの者たち（一三～一七歳）が「札幌聾同志会」を結成し、会報「青空通信」を発行して、心の拠りどころである母校を失った者同志の連帯意識を育んでいた。昭和二二年、近藤はこの会報の巻頭言を頼まれ、「人生行路の二道」という文章を寄せた。

世の肉体上の異常を持った人々の人生行路を他の方からながめたとき、一つはすべての人々が羨むほど成功と幸福の温かいふところにいだかれつつ前へ前へと進んでいる人。二つは其の異常をうらみ、周囲をうらみ、自分をなげき悲しみ、しまいには自分の最後の置き所を、暗い墓場をつくって、その中でうごめいては泣き叫ぶことを、自分の仕事（人生行事）としている人。此の二道の外ないように見えます。

うらみの中にも、戦争による手、足、目、耳を失った人、病気の為身体の一部が動かない人、生まれつき不自由のある人等々、みんなどちらかの道を歩む人、歩んでいる人であります。

泣いて歩むも、笑って歩むも、本人の心の光の程度といってもむずかしいと思うが、手がなくても、目がなくとも、他の人々に総ての力に負けることが多くとも、たった一つ、いつも心に美しい温かさと努力する熱量さえ持っているならば、時が来ると、必ずその熱と愛の心を尊敬をもって社会の人々は迎えます。必ずあります。

この時が、その人の成功の時であることは云うまでもありません。

近藤は卒業生に対して、二道《ふたみち》（二つの方向にわかれている道の意）になぞらえて、「これからいろいろと辛いこともあるだろうが、周囲と自分に対してあたたかい気もちをもちながら努力することをつづければ、社会は必ず尊敬をもって迎えてくれる。」と励ました。そしてこのときこそが、その人の成功のときであると説いた。

吃音矯正学院をへて札幌盲唖学校開校までの七年間は社会から高く評価されて迎えられたものの、それ以降の経営資金捻出で奔走した後半生は、社会は必ずしもあたたかいものではなかった。そのようなときでも、周囲に対する感謝を抱きながら努力し、教え子たちの生活を守る気概をもちつづけた自分の心境を重ね合わせたのかもしれない。

5 長男・長女・次男を聾話学校の指導者に

近藤兼市・シゲ夫妻は三男二女に恵まれた。そのうち長男寛《ゆたか》、長女伸子、次男昭を聾話学校の指導員に導きいれた。校長宅と寄宿舎は学校敷地内に立っており、盲児・聾唖児と遊びながら成長したので、三人とも彼らとのかかわり方を生活のなかで身につけていた。同時に、両親が盲児・聾唖児を教え導いている後ろ姿をみて育ったのである。

昭和一四年に、大学進学を夢みていた長男寛（一八歳）を説得して聾話学校教員として採用し、中等部を担当させた。長男寛は、軍国主義教育の影響を受けた聾唖生徒が、徴兵検査合格判定基準で「兵役に適さない者」の対象になっており、愛国の至情やみがたい気持ちに思いをめぐらして、聾唖生徒五〇人による「札聾報国隊」を結成した。昭和一四年（一九三九）一一月のことである。隊員は、早朝に玄関前に集合し、旗手のもつ隊旗を先頭にして、近くの札幌護国神社での玉砂利清掃、落ち葉掃き、除雪にむかうことが日課となった。また、地域からの依頼を受けて、道路や排水溝、出征留守家庭の外回り清掃、自家用防空壕造りなどに熱心にとりくんだ。とりわけ徹底した清掃活動は評判になり、廊下の掲示板には多くの地域や団体からの感謝状が掲げられ、生徒らの自己有用感を大いに育んだ。

視話法によって指導していた近藤は、授業では手話を使わずに発音発語による会話を促していた。一方、長男寛は父親の方針とは異なる考えをもっていたようである。次男昭によると、「兄は、聾唖児の豊かな人間性を育てるためには口話法による指導だけではなく、あらゆる手段を用いる、いま風にいうトータル・コミュニケーションを重視していた。基本的には口話法にもとづきながら指導していたが、父親の指導法とは違っていた。」と感じさせる場面もあったと筆者は聞いた。

長男寛は昭和一六年に召集されて満州北部に赴き、同二〇年六月二二日に沖縄戦において戦死した（享年二四）。戦死の報は、自分の後継者として期待を寄せていた近藤夫妻に深い落胆を与えた。

近藤は、長男寛の出征にともない、昭和一六年（一九四一）二月に長女伸子（一七歳）を教員助手として採用し、初等部を担当させた。伸子は、指導のかたわら日本舞踊藤間流名取の技芸をいかして子どもたちの表現力を育て、各種の発表活動を通して自信をもたせた。昭和二〇年（一九四五）七月の御影村疎開のおりには売却しなかった校長住宅に残り、疎開を辞退した初等部低学年の子どもたちの指導をつづけた。

そして昭和二三年からは、前述した雀地貞らが聾唖学校空白地となった札幌で開いた私立星光聾唖学園の教員として、また、同二四年六月に開校した道立札幌ろう学校では教員として指導にあたった。このように長女伸子は、戦中戦後の世相の中で聾唖児をもった父母の願いにこたえつづけた。

昭和一九年に近藤は、聾唖農志塾の準備のために次男昭（一五歳）を先発隊六人のなかにいれて御影村に送りだした。近藤は、聾話学校寄宿舎生徒と遊びながら育った、次男昭の高い手話能力を評価し、塾長と聾唖者たちとの間の意思疎通面の調整を期待して塾長助士を務めさせた。次男昭は、聾話学校が廃校になったあとも御影村にとどまり、聾唖農志塾で指導員のかたわら手話通訳者として事業の推進に従事した。

また次男昭は、このときから現在に至るまで卒業生との関係を保ちつづけ、母校をなくした者たちが集う同窓会活動の業務を一貫して担ってきた意義は大きい。

このように三人の子どもが父と同じ道にすすんだ背景には、道都札幌で困難な事業にとりくむ夫を懸命に支えた、妻シゲの意思がおおきく作用したことは言をまたない。

第六章　近藤兼市の逝去とその後

1　台風で全壊した施設

昭和二二年（一九四七）九月に御影村を襲った台風で平和部落の収容施設と教育施設が全壊した。このため一部の教師や子どもは親元や伝手《つて》を頼って札幌などへ転出したが、残った者は聾唖農志塾の塾生らとともに食べ物もなく、路頭に迷う羽目になった。

これをみた元村長吉尾與市は、即座に加納利彦村長に働きかけた。『清水町百年史』はそのときの様子を記録した。

これを捨ててはおけないと、村では同年一〇月御影市街に近い羽田桐に緊急の収容施設を建設して、農志塾の塾生や聾話学校の児童らを収容した。そしてこれを「北海道農志塾家庭園」と名付け、児童福祉施設の認可を得て、運営を農志塾の佐藤繁善に委ねた。佐藤はこの期待に応え、収容児らの面倒を見るとともに、昭和二三年九月一六日、三重苦で知られるヘレンケラー女史が二度目の来日で札幌に来たとき、障害児を連れて札幌まで出向いて作品展示会や演劇、接待などの歓迎行事を行い、女史を喜ばせた。

この間に加納利彦村長は、宙に浮いたままになっていた私立札幌聾話学校の再建に心を砕き、道への移管を働きかけた。この結果、昭和二三年一〇月から「北海道立御影ろう学校」として道立移管が決まり、福井旅館を買収、改築し、校舎にあてた。しかし、札幌、帯広でも前年から道立ろう学校が開設されたこともあって、御影ろう学校の教師や児童等もやがて札幌、帯広に移り、まもなく廃校となった。

このころの近藤は床に伏すことが多くなっていた。近藤の代理者佐藤繁善を先頭にして加納村長と協議した結果、昭和二二年（一九四七）一〇月に聾唖児の教育施設と収容施設として「農志塾家庭園」をつくり再出発することにした。また、加納村長は一〇月の村議会に諮り、緊急対策として障害者の収容施設を建設して再起を図ろうとした。

この記録にあるヘレン・ケラー女史の来札のときには、聾話学校と聾唖農志塾では、女子がホームスパン服地、マフラー、手芸品を、男子が乳製品、木工品、農産物標本を製作出展し、疎開の顚末《てんまつ》を知る市民から励ましを受けた。

御影村の開拓地における障害者の救済と教育のための楽土建設事業は、吉尾與市、伊藤金蔵、加納利彦の三代の村長のリーダーシップと関係村民のふかい理解によって遂行された。戦中戦後の混乱期にもかかわらず、障害者の地域福祉のモデルともいえる事業が十勝ですすめられたのである。

2　大雪のあとの学校葬

近藤兼市の行動を支えた体には病魔がしのびよっていた。リウマチの悪化による歩行困難と腹膜炎の悪化により寝込むことが多くなった。職員や生徒らが頼りとする近藤の病状は、周囲を一喜一憂させていた。

御影村に移住してきた全員の願いもとどかず、昭和二二年（一九四七）一一月二八日午後七時三〇分、福井旅館の自室で、妻シゲをはじめ家族に見守られて息を引きとった（享年五一）。一二月一日には前日に降りつもった大雪のなか、御影村の協力を得ながら曹洞宗大貫寺で学校葬がとりおこなわれた。

雪の御影村でおこなわれた学校葬（昭和22年12月1日）

札幌から遠く離れた御影村での新しい事業が軌道にのる前で、職員・生徒や卒業生らの生活を案じながら静かに生涯を閉じた。札幌から移住してきた多くの者は、羅針盤を失った船で航海することになった。

強い自我にもとづいて障害児・者の教育と救済に信念を燃やしつづけた五〇年の生涯だった。

道庁所在地の札幌市で、だれも手がけようとしていなかった吃音児の指導にとりくみ、その勢いで札幌盲唖学校を開校した心意気、道庁立に移管することを望まずに、教育と職業訓練施設の両者不可分の関係で事業化しようとした意気込み、学校運営資金に窮しながらも生徒や卒業生を見限らずに、その教育、保護救済にかけた執念は高く評価されるべきであろう。

そして最後には、多くの支援者が離れて孤軍奮闘の状態となりながらも、決して投げ出すことなく、差別や偏見のない障害者のコロニーづくりに命をかけたが、道半ばにして倒れた。

近藤の深い人間愛と意志の固さをもってしても、障害児・者に対する偏見からか、道庁・市役所の行政担当部局が動くことはなく、全国で公立聾唖学校を設置しなかったのは北海道だけだった、という不名誉な事実が残された。

また、北海道における多くの盲唖学校は、障害者自身や宣教師が設立しているが、そのなかで明治一九年開学の札幌師範学校卒業生から、一人の盲唖学校設立者を輩出したことの意義はふかい。

3 盲学校の閉鎖と聾話学校の道立移管・廃校

近藤兼市校長を失った学校では、昭和二二年（一九四七）一二月一日に私立札幌聾話学校長に佐藤繁善、私立札幌盲学校長には岸尾守義が就いた。同二三年三月、札幌盲学校最後の卒業式をおこない、四名の卒業生を送りだした。これまでに同校が、免許をもたせて送りだした卒業生は一三〇人を超えた。この直後に私立札幌盲学校を閉じて、私立札幌聾話学校のみを存続させることとした。

文部省が昭和二三年から盲学校・聾学校義務制を施行したことを契機に、私立札幌聾話学校は同年一〇月から道立に移管されて北海道立御影ろう学校となった。一〇月一〇日、二六人の生徒は帯広ろう学校に編入され、帯広校の在籍者数二八人は一挙に五四人に増えた。このとき札幌に戻って、開校したばかりの北海道立札幌ろう学校に転学した生徒も多かった。教職員については、教諭三人、助教諭四人、事務職員二人、事務補一人、実習助手一人、給仕一人、炊事二人が帯広ろう学校に配置替えとなった。

そして北海道教育委員会は、昭和二五年（一九五〇）九月三〇日づけで北海道御影ろう学校を廃校とした。昭和二年に玉宝寺境内で呱々《ここ》の声をあげた札幌盲唖学校の二三年間の命脈は、札幌から一七〇キロ離れた御影村で終焉した。

聾話学校教員の田中皎一は、卒業しても就職が困難で、やむなく家庭に帰さざるを得ない生徒の進路に胸を痛めていた。そこで、廃校を機に聾話学校を辞して障害者施設づくりをめざした。昭和二八年には、わが国初の聴覚障害者を対象とした授産施設（現在の指定障害者支援施設わかふじ寮）をつくった。場所は清水町に隣接する新得町である。ここは、木工家具製作を中心とする施設で、技術水準が高い製品は、デパートやホテルからも引き合いがあったほどだった。現在は社会福祉法人厚生協会として、身体障害者・高齢者対象の一六事業所を運営している。

また、御影村役場の支援ではじまった農志塾家庭園は、昭和二六年、財団法人北海道聾唖農志塾として知事の設立認可を得たあと、翌年にはろうあ児施設御影学園と名称を変更したが、昭和二九年に園舎が全焼したことを契機に帯広市に移った。現在は社会福祉法人帯広福祉協会として、つつじヶ丘学園と愛灯学園を基幹に、複数の福祉関連事業所を設置・経営している。

一方、卒業生を中心とした北海道聾唖農志塾は、その後も御影村で農業を中心にほそぼそと活動していたが、昭和四五年に清水町（旧御影村）旭山にある精神薄弱者更正施設御影学園に移った。現在は、社会福祉法人清水旭山学園として多くの知的障害者施設を設置・運営しているが、その中には、生活介護事業所「旭山農志塾」、就労移行支援事業所「御影農志塾」という名称がよすがとして残されている。

近藤が十勝でまいた種は、戦後この地域の知的障害児・者の福祉施設に発展し、十勝管内地域福祉の中核施設として存在感を発揮している。

おわりに

小林運平は、郷里秋田県で一三年間、北海道で二〇年間の教職生活を送った。とりわけ、三八歳で聾唖児と出会ってからの一二年間、精神面、経済面で支えた妻千代の存在なくして、北海道の特殊教育の嚆矢小林運平は誕生し得なかった。小林運平が採用した賛助員組織は、財政的な基盤を確立することを目的としていたが、実は地域に根をおろし、地域住民に支えられた学校づくりにつながって、数々の存続上の危機を乗り越えてきた要因に思えてならない。

吃音矯正にとりくんでいた近藤兼市は、道都札幌で途絶えていた盲唖教育施設をおよそ二〇年ぶりに出現させ、市民からあたたかく受けいれられた。あろうことか、校舎建築契約業者が起こした財産差し押さえ事件という暴挙により、後援会組織は縮小し、学校運営資金は窮地に陥った。盲唖生徒の生活を支えるためには、借財に頼るしか途はなくその運営は泥沼状態となった。窮余の策として校舎を売却し、移住先の十勝の地で起死回生を図ろうとしたが、道半ばでの急逝はいかにも早すぎた。担当学級で吃音児と出会ってからの二四年間は、障害児・者を偏見・差別から守ろうとして、近藤一家総出でとりくんだ歳月でもあった。

二人の私立盲唖学校創立者は、安定した小学校訓導の職を捨てて、盲唖学校運営資金確保のために奔走しつづけ、疲労困憊の末に生涯を終えたのは奇しくも五一歳のときだった。

明治、大正、昭和前期には、宗教家、慈善家、篤志家、教育者、障害児の親らによって各地に障害児のための学校や施設が開設されたが、そのなかには何らかの事由で廃止の憂き目にあったり、公立の学校と並立して廃校のやむなきに至り、先覚者としての名も実も歴史のひだに埋もれている例をみることがある。小林の事業は、戦後の小樽聾学校につながったことから周年行事のたびに称賛を受けるものの、近藤がつくった学校の系譜は、現在の札幌盲学校や札幌聾学校につながらなかったので、両校の周年行事で顧みられることはほとんどない。

二人の小学校訓導が障害児と出会った学校が閉鎖した。

小林が聾唖児と出会った小樽市立量徳小学校は、児童数の減少により統廃合計画の対象となり、平成二四年三月に一三八年の歴史を閉じた。小樽聾学校は平成二六年三月をもって廃止され、札幌聾学校に統合される計画である。小林ゆかりの品々は、小樽市総合博物館に収蔵される予定と聞いている。近藤が吃音児と出会った札幌市立豊水小学校も同様の理由から、平成一六年三月に一一九年の歴史に幕を閉じた。数少ない近藤ゆかりの品は、北海道立特別支援教育センターに収蔵・展示されている。

北海道社会福祉史研究会の前会長平中忠信氏は、平成八年に『小林運平と小樽盲唖学校――明治期の盲唖教育』を著した。本文中には、氏が掘り起こした小樽盲唖学校概覧の内容を数多く引用させていただくとともに、執筆に際しては具体的なご助言を賜った。また、『稲垣益穂日誌』のなかから、小林運平との交友にまつわる多くの記事を発掘した小樽市総合博物館副館長の石川直章氏に敬意を表するものである。併せて、小林の孫小林基宏氏には貴重な資料を提供していただいた。深甚なる謝意を捧げたい。

十勝に移転したあと、物置に保管していた学校運営、教育活動の記録、沿革にかかわる資料は失火によって全て失ってしまった。そのため、近藤が手がけた公的資料はほとんど残ってないが、深宮友仁の自伝『わが夢五十年の歩み』と盲人教師清水彰の回顧談は拠りどころとなった。さらには、近藤の次男昭氏と五人の教え子氏からの聴き取りもまた貴重だった。衷心より敬意を表したい。

最後に、小林と近藤に関連した資料を提供してくださった日本聾史学会副会長の中根伸一氏は、本書の内容に厚みを加えていただいた。市立小樽図書館司書海藤久仁子氏には、きめ細かなレファレンスサービスを提供していただき、調査初期に推進力を与えていただいた。また、小樽聾学校職員の角瀬真知子氏には、小林運平ゆかりの資料の整理収集を効率的にすすめていただいた。そして、北海道社会福祉史研究会の市澤豊会長には本書をまとめる際に心強い督励を賜った。

各位に感謝の意を表する次第である。

北海道帯広盲学校・聾学校　『帯広盲学校・聾学校五十周年記念誌』　1987年

清水彰『私立札幌盲唖学校に関する回顧談』 1950年頃
札幌市『新札幌市史』第4巻(通史四) 1997年
札幌市社会事業協会『札幌市社会事業のおいたち』 1970年
社会福祉法人北海点字図書館『北海道盲人文化のあゆみ』 1970年
深宮友仁『わが夢五十年の歩み』 1979年
日本聾話学校 『日本聾話学校七十年史』 1990年
近藤兼市 「大日本実業聾唖実業社」「聾口話教育」第9巻第4号 1933年
北海道社会事業協会 『北海道社会事業団体誌』 1941年
財団法人小樽盲唖学校 『創立三十周年記念誌』 1936年
佐藤忠道 「北海道における障害児教育の成立過程に関する研究——戦前期の私立盲唖学校を中心として」「道都大学研究紀要」第34号 2008年
北海道教育研究所 『北海道教育史・全道編三』 1963年
学校法人八紘学園 『八紘学園七十年史』 2005年
清水町史編さん委員会 『清水町百年史』北海道清水町 2005年
札幌市教育委員会文化資料室 『昭和20年の記録』(さっぽろ文庫14) 1980年
佐藤忠道 「北海道における障害児教育の成立過程に関する研究(2)——盲学校・聾学校の義務教育制度への移行を中心として」「道都大学研究紀要」第35号 2009年
田中皎一 「回想」私立札幌聾話学校同窓会『我が母校の夢——六十年史を歩み』 1985年
中根伸一 「札幌ろうあ協会・札幌聴力障害者協会50年の歩み」『札幌聴力障害者協会創立50年記念誌 拓魂』 1997年
近藤兼市 「人生行路の二道」札聾同志会会報「青空通信」第3号 1947年

上野益雄「伊澤修二と発音指導——A.G.ベルとの出会い」聾教育研究会「聴覚障害」通巻448号 1988年
小川克正「障害者教育の先達・小西信八」聾教育研究会「聴覚障害」通巻538号 1996年
東京教育大学附属聾学校『東京教育大学附属聾学校の教育——その百年の歴史』 1975年
文部省『特殊教育百年史』 1978年
財団法人小樽盲唖学校『創立二十週年記念誌』 1926年
小樽盲・聾学校『五十周年記念誌』 1956年
小樽盲・聾学校『六〇周年記念誌』 1966年
渡部義顕『小樽区史』名著出版 1973年
秋田県広報協会「あきた」通巻44号 1966年 http://common.pref.akita.lg.jp/koholib/search/html/044/044_049.html
日本基督教団浅草教会ＨＰ
秋田県立盲学校ＨＰ
小樽区「明治四十四年一般会計特別会計歳入歳出予算決議書」1911年
小樽区『東宮行啓紀念　小樽区写真帖』 1922年

●近藤兼市

札幌市教育委員会文化資料室『札幌歴史写真集(大正編)』(さっぽろ文庫・別冊) 1983年
山崎長吉『札幌教育史』上巻(1986年)・中巻(1992年)
鈴木源十郎・杉山指粋編『現代札幌人物史』 1931年
北海道教育会「北海道教育会雑誌」第32号 1895年

引用・参考文献

●小林運平

文部省『盲聾教育八十年史』 1958年

斉藤泰雄「初等義務教育制度の確立と女子の就学奨励——日本の経験」広島大学教育開発国際協力研究センター「国際教育協力論集」第13巻第1号 2010年

独立行政法人国際協力機構国際協力総合研修所『日本の教育経験——途上国の教育開発を考える』 2003年

平中忠信「小林運平と小樽盲唖学校——明治期の盲唖教育」「北海道社会福祉史研究」第4号 1996年

三笠市『新三笠市史』 1993年

深川市『深川市史』 1977年

山本博文『新渡戸稲造 武士道』ＮＨＫ出版 2012年

小樽市総合博物館編『稲垣益穂日誌』第11巻 1988年

小樽市立量徳小学校『小樽市立量徳小学校閉校記念誌 夢量徳』2012年

北海道教育会「北海道教育会雑誌」第48号 1896年

北海道教育会「北海道教育雑誌」第128号(1903年)、第162号(1906年)、第171号(1907年)

財団法人小樽盲唖学校『財団法人小樽盲唖学校概覧』1909 ~ 1911年

小樽市『小樽市史』第3巻 1981年

国立国会図書館近代デジタルライブラリー http://kindai.ndl.go.jp/

中村民雄「福島県における普通・兵式体操導入過程の研究」「福島大学教育実践研究紀要」 1981年

年・歳／事項	周辺の出来事
10月1日、札幌聾話学校は道立に移管され、北海道立御影ろう学校となる。	
昭和24（1949）	
□長女伸子が、6月に開校した道立札幌ろう学校で指導にあたった。	北海道立札幌ろう学校開校
昭和25（1950）	
9月30日、北海道教育委員会は北海道御影ろう学校の廃止を告示する。	

年・歳／事項	周辺の出来事
11月、釧路国塘路湖湖畔に「聾唖職業研究所」を開設し、札幌聾話学校農芸部も併置する。	
昭和17（1942）46歳	
□塘路湖湖畔に指導員と卒業生・生徒を派遣し、5月ごろから実習生活をはじめた（〜昭和18年）。	
昭和18（1943）47歳	
11月、塘路湖湖畔の聾唖職業研究所を閉鎖する。	庁立盲学校開校
11月、十勝国御影村（現清水町）に聾唖者の楽土建設を目的として「北海道聾唖農志塾」を開設する。	
昭和19（1944）48歳	
□春、聾唖農志塾の準備と学校疎開にむけて先発隊6人を御影村に派遣した。このとき次男昭（15歳）が塾長助士として同行した。	
昭和20（1945）49歳	
6月、長男寛が沖縄本島真栄方面で戦死する（享年24）。	（8.15）終戦の詔勅
7月6日、校舎を売却して両校そろって御影村に疎開する。	
□200人を超す一団は列車で移動し、盲学校は御影村市街の福井旅館、聾話学校は郊外の平和部落で再開し、集団生活を送った。	
昭和22（1947）51歳	
9月、強風により聾唖農志塾の建物が全壊した。	教育基本法・学校教育法公布
□御影村役場は緊急の収容施設を建てて、農志塾塾生や聾話学校生徒らを収容した。	
11月28日、内部疾患が悪化したために御影村で逝去する。	
昭和23（1948）	
3月、盲学校最後の卒業式で4人の卒業生を送りだす。	盲・聾学校義務制施行 教育委員会制度発足
□このあとは盲学校を廃止し、聾話学校のみを存続させた。	

年・歳／事項	周辺の出来事
昭和 7（1932）36 歳	
3 月、盲学校中等部の鍼按科と別科が、「按摩術営業取締規則」「鍼術営業取締規則」の指定校に認定される。	5・15 事件
昭和 10（1935）39 歳	
3 月、盲唖教育と社会事業にかかわる研究会を発足させる。とくに重複障害児のために、札幌聾話学校内に別科を設置する。	
昭和 11（1936）40 歳	
10 月 1 日、天皇陛下行啓の折、入江侍従以下 3 人が札幌盲学校、札幌聾話学校に差遣されて教育施設、職業訓練施設を参観する。	2・26 事件
昭和 12（1937）41 歳	
1 月、父道円が没する。	日中戦争勃発
6 月、ヘレン・ケラー女史が学校を参観する。	
□ヘレンケラー女史講演会の直前に急性虫垂炎の手術を受けたが、無理を押して挨拶に立ち術後経過に影を落とした。	
7 月、重複障害児のために特殊学級を設置する。	
昭和 14（1939）43 歳	
4 月、長男寛（18 歳）が札幌聾話学校教員になる。	「青少年学徒ニ賜ハリタル勅語」発布
11 月、勤労奉仕を旨とする「札聾報国隊」を結成する。	第二次世界大戦始まる
11 月、次女真子が生まれる。	
□大日本聾唖実業社が道庁に買収されて北海道社会事業協会附属厚生社として再発足し、同志深宮との関係が途切れた。	
昭和 15（1940）44 歳	
6 月、札幌社会事業協会が結成され、札幌盲・聾話学校が加盟する	道庁、修学旅行を廃止
9 月、創立記念式典を挙行する。	
□聾話学校職業科に農業科を新設した。	
昭和 16（1941）45 歳	
2 月、長男寛の出征に伴い、長女伸子（15 歳）が教員助手になる。	国民学校令公布 真珠湾攻撃

年・歳／事項	周辺の出来事
昭和元（1926）30歳	
□盲児教育施設の鈴木又衛と盲唖学校開設に向けた協議を重ねた。	道庁に学務部設置
10月、長女伸子が生まれる。	
昭和2（1927）31歳	
3月、私立札幌盲唖学校が道庁より各種学校として認可を受ける。	
4月20日、豊水尋常高等小学校を退職し、盲唖学校開校準備に専念する。	
6月、北海吃音矯正学院と盲児教育施設を統合して、玉宝寺境内に私立札幌盲唖学校を開校し、校長に就く。	
昭和3（1928）32歳	
2月、盲部別科が按摩術鍼灸術の内務省免許指定を受ける。	NHKが北海道初のラジオ放送開始
3月、深宮友仁の協力で足踏み式軽量印刷機を購入し、名刺、仕切り書、挨拶状等の印刷技術指導を始める。	
昭和4（1929）33歳	
4月、次男昭が生まれる。	大学卒業者の就職難深刻化
昭和5（1930）34歳	
3月22日、第一回私立札幌盲唖学校卒業式を挙行する。（盲部13名、聾話部4名卒業）	世界恐慌が日本に波及
□小樽の建築請負師と校舎建築契約を交わした。	
昭和6（1931）35歳	
5月1日、新築校舎を市民に披露する。（南9条西1丁目）	満州事変 札幌の中島公園で国産振興北海道拓殖博覧会開催 従来の保導委員に代わり方面委員設置 全道的な冷害凶作
□聾唖者の職業訓練施設「大日本聾唖実業社」を建て、印刷部、理髪部、木工部、ゴム印章部、洋服部、和裁部を備えた。	
8月、三男修が生まれる。	
12月、小樽の建築請負師が近藤や後援会の有力者を相手に財産の差し押さえ事件を起こす。	
12月28日、札幌盲唖学校を札幌盲学校・札幌聾話学校に分離する。	

●近藤兼市

年・歳／事項	周辺の出来事
明治29（1896）0歳	
7月30日、北海道札幌区に、中央寺社務所（のち北大寺）主任の父近藤道円・母いくの長男として誕生する。	
明治42（1909）13歳	
3月、札幌区立豊水尋常小学校を卒業する。	
明治44（1911）15歳	
3月、札幌区立豊水高等小学校を卒業する。	
大正8（1919）23歳	
3月、北海道札幌師範学校（一部）を卒業する。	
大正9（1920）24歳	
3月、中居シゲ（明治34年4月30日生）と結婚する。	
大正10（1921）25歳	
3月、長男寛が生まれる。 6月27日、母校の豊水尋常高等小学校に訓導として着任する □札幌区教育会・札幌区教育課共催の吃音矯正実技講習会で村上求馬講師から学んだ。 □豊水小学校内に児童吃音矯正部を設けた。	
大正11（1922）26歳	
聾唖児保護者から懇請を受けてその指導にもとりくんだ。	札幌市制施行 旭川盲唖学校開校
大正12（1923）27歳	
8月1～21日、豊水小学校を会場にして吃音矯正講習会を開く。	盲学校及聾唖学校令公布 関東大震災
大正13（1924）28歳	
□豊水小学校を会場にして吃音矯正講習会を開いた。 □深宮友仁（印刷技術者）に出会った。	札幌の中島公園で第1回全道少年野球大会
大正14（1925）29歳	
7月7日、玉宝寺境内の建物を借りて、北海吃音矯正学院を開く。（札幌市南7条西4丁目） □同学院に聾話部を併設して聾唖児の指導を行った。,	札幌に盲児教育施設開設

年・歳／事項	周辺の出来事
大正 2（1913）48 歳	
3 月、第 4 回卒業式を挙行する。	住吉貞之進没
大正 3（1914）49 歳	
10 月 10 日、軽度の脊髄炎に罹る。	小樽運河工事開始
大正 5（1916）51 歳	
1 月 13 日午後 4 時、脳溢血のため逝去する。1 月 15 日、約 600 人の参列のもと自宅で葬儀を執り行う。	
大正 6（1917）	伊澤修二没

年・歳／事項	周辺の出来事
5月、文部大臣許可を得て財団法人小樽盲唖学校とする。	
6月、開校記念式及び財団法人認可披露式を挙行する。	
7月、支庁長会議の席上で盲唖児入学勧奨を依頼する。	
9月、「小樽盲唖学校学則」(全21条)を定める。	
明治43（1910）45歳	
2月、全道14支庁・3区長に盲唖児入学勧奨を依頼する。	東京盲唖学校を東京盲学校、東京聾唖学校に分離
3月、第一回卒業式を挙行する。（盲8名、聾唖11名）	札幌でビアホール、常設映画館営業開始
3月、小樽区に退職願を提出する。	
4月、量徳尋常高等小学校を辞し、学校運営に専念する。	
4月、道庁より補助金50円を受け、以後毎年受ける。	
7月、南秋田郡教育会より訛音矯正講師の依頼を受け、第5学年男児を伴って出張する。	
11月、新築校舎の敷地として奥沢村小樽区有地1,005坪を15年間無料貸し付けの願い出が許可される。	
明治44（1911）46歳	
1月、四男毅が生まれる。	皇太子殿下北海道行啓(8/20～9/12)
2月、盲唖児童調査を各支庁長及び区長に依頼する。	
4月、小樽区より補助金150円を受け、以後毎年受ける。	
7月、奥沢村新築校舎に移転する（盲生部13名、唖生部　21名）。同時に旧校地を小樽区に返還する。	
8月、東宮殿下行啓御代覧箇所となり、侍従が来校する。	
9月、恩師小西信八が来校する。	
明治45（1912）47歳	
□寄付金募集のため、積丹、礼文、利尻、増毛、留萌方面に出張を繰りかえした。	

年・歳／事項	周辺の出来事
明治 38（1905）40 歳	
7月、読字・談話ができるようになった二人の聾唖児をともなって小樽教育会の集会で報告する。 7月、上京して伊澤修二から視話法の伝習を受けたあと、東京盲唖学校で小西信八から指導を受ける。 10月7日、信香町自宅に聾唖児の私塾開設を公言し、「盲唖私塾々則」を定める。 12月～1月、妻千代が勤める札幌区女子尋常小学校で吃音矯正会を開いた折に、聾唖児が本を読んだり会話する場面を公開した。 □小樽区役所に申請していた住ノ江の区有地132坪の無償貸与が小樽区会で承認された。	日露戦争後のポーツマス条約
明治 39（1906）41 歳	
1月､住ノ江町47番地に新築校舎が完成する。 5月、私立盲唖学校設置について北海道庁長官の認可が下りる。 6月3日、唖生部12名で小樽盲唖学校を開校する。 9月、三男剛が生まれる。,	ポーツマス条約による樺太の国境画定会議（小樽） 第1回帝国盲唖教育大会
明治 40（1907）42 歳	
5月、東京盲唖学校教員練習科卒業生を教員に採用し、 盲生部を開設する。 6月、第1回開校記念式を挙行する。 □財団法人小樽盲唖学校賛助員組織を立ち上げた。	樺太庁設置 北海道師範学校附属小学校で聾唖児指導開始（のちに盲児も）
明治 41（1908）43 歳	
3月、京都盲唖院における盲唖教育品展覧会に生徒の成績品を出品する。 □妻千代が小樽区潮見台小学校に転勤となり、5年10か月間の単身赴任が解消した。 12月、四女孝子が生まれる。	国鉄青函連絡船営業開始 小樽港北防波堤完成
明治 42（1909）44 歳	
3月、全道14支庁・3区長に盲唖児調査を依頼する。	

年・歳／事項	周辺の出来事
10月、北海道教育会に入会する。	
11月、妻千代が市来知尋常高等小学校に正教員として着任する。	
12月、次女淑が生まれる。	
明治30（1897）32歳	
6月、運平と妻千代が寿都郡寿都尋常高等小学校訓導に任ぜられる。	人口：北海道786,211人、小樽54,966人
7月、雨竜郡一已尋常高等小学校開校と同時に、運平と妻千代が訓導として転ずる（現深川市）。	
8月、雨竜郡一已尋常高等小学校訓導兼校長に任ぜられる。	
明治31（1898）33歳	
9月、運平と妻千代が小樽区量徳尋常高等小学校訓導に任ぜられる。	
明治32（1899）34歳	
10月、次男定正が生まれる。	
明治33（1900）35歳	
5月、運平が札幌区創成高等小学校訓導に任ぜられる。	第三次小学校令
明治34（1901）36歳	
	量徳小学校、失火により全焼
明治35（1902）37歳	
5月、三女雪子が生まれる。	旭川・札幌・小樽間で電話通信開始
6月、小樽区量徳尋常高等小学校長住吉貞之進の招請により、量徳尋常高等小学校に転ずる（首席訓導）。	
□妻千代の札幌勤務の都合で単身で赴任し、運平は信香町10番地の川島宅に下宿した。	
明治36（1903）38歳	
□量徳尋常高等小学校近くに住む聾唖児三名が学齢に達し入学を希望した。運平は住吉校長の勧めもあり自分の学級に置いた。	伊澤修二、楽石社創設 東京盲唖学校で教員養成開始
明治37（1904）39歳	
5月10日、聾唖児三人を下宿の部屋に集め、寺子屋式指導を開始する。	小樽～函館間鉄道開通 日露戦争勃発

年・歳／事項	周辺の出来事
明治20（1887）22歳	
4月、銀山尋常小学校訓導に任ぜられる。（月俸14円）	
明治21（1888）23歳	
9月、銀山高等小学校訓導兼同尋常小学校訓導に任ぜられる。	訓盲唖院、東京盲唖学校に改称
明治22（1889）24歳	
5月、北秋田郡日景尋常小学校訓導兼校長に任ぜられる。	
12月、北秋田郡大館高等小学校兼同尋常小学校訓導に任ぜられる。	
明治23（1890）25歳	
4月、妻千代が尋常師範学校卒業後に大館尋常小学校訓導に着任する。	石川倉次、日本点字完成 第二次小学校令公布 教育勅語発布
10月、渡邉千代と結婚し、大館町東大館291番地に居を定める。	
明治24（1891）26歳	
10月、長女貞が生まれる。	「北海道教育会雑誌」創刊
明治25（1892）27歳	
5月、大館町学務委員に任ぜられる。	
5月、北秋田郡大館尋常高等小学校訓導に任ぜられる。	
明治26（1893）28歳	
11月、長男定信が生まれる。	小西信八、東京盲唖学校長就任
明治27（1894）29歳	
7月、秋田県知事より小学校教員免許状を受ける。	日清戦争勃発
明治28（1895）30歳	
12月、北海道庁長官より小学校教員免許状を受ける。	
明治29（1896）31歳	
3月、秋田県より北海道庁への出向辞令を受ける。	
4月、北海道空知郡市来知尋常高等小学校訓導に任ぜられ、単身で着任する（現三笠市）。	

年　譜

●小林運平

年・歳／事項	周辺の出来事
慶応元（1865）0歳 6月4日、大館藩士小林主鈴の四男として羽後国（秋田県北秋田郡大館町）で出生する。	
明治元（1868）3歳 8月、父主鈴が明治戊辰の役で大館城落城の際、戦死する（享年45）。	
明治5（1872）7歳	学制公布
明治8（1875）10歳	伊澤修二、米国留学
明治9（1876）11歳 7月、第七大学区秋田県管内第十一番中学区秋田郡大館中城学校を卒業する。	
明治11（1878）13歳 11月、第七大学区秋田県管内第十一番中学区自九十四番至九十八番小学聯区小澤学校を卒業する。	京都盲唖院設立
明治12（1879）14歳	教育令公布
明治13（1880）15歳 8月、秋田師範学校に入学する。	改正教育令公布 楽善会訓盲院設立
明治15（1882）17歳 7月、秋田師範学校小学師範学科を卒業する。 9月、北秋田郡銀山小学校教員嘱托となる。（月俸9円）	
明治16（1883）18歳 5月、銀山小学校三等訓導に任ぜられる。（月俸12円）	
明治17（1884）19歳	楽善会訓盲院、楽善会訓盲唖院に改称
明治19（1886）21歳	小西信八、訓盲唖院専務就任 小学校令公布

●著者紹介

佐藤忠道（さとう・ただみち）

1943 年宮城県生まれ。1966 年東北大学卒業後、北海道稚内聾学校に勤務。以後小樽聾学校、筑波大学附属聾学校、札幌聾学校において幼稚部教育担当。1987 年の北海道立特殊教育センター開所以降 6 年間、教育相談・研究研修・広報事業に従事。1993 年札幌聾学校教頭のあと、1995 年小樽聾学校長に。このあと中標津高等養護学校長、特殊教育センター所長、札幌聾学校長として勤務。2004 年より 7 年間道都大学勤務。現在は北星学園大学・札幌大学非常勤講師として「聴覚障害教育論」「聴覚障害者の心理・生理・病理」担当。

●編者紹介

津曲裕次（つまがり・ゆうじ）　1936 年生まれ。長崎純心大学大学院教授。筑波大学名誉教授、高知女子大学名誉教授。専攻は知的障害者施設史。

一番ヶ瀬康子（いちばんがせ・やすこ）　1927 年生まれ。日本女子大学名誉教授。専攻は高齢者・児童・障害者福祉など社会福祉全般。2012 年没。

シリーズ　福祉に生きる　64

小林《こばやし》運平《うんぺい》／近藤《こんどう》兼市《けんいち》

定価（本体二、〇〇〇円＋税）

二〇一三年一〇月七日発行

著者　佐藤忠道

編者　津曲裕次
一番ヶ瀬康子

発行者　相川仁童

発行所　大空社
東京都北区中十条四－三－二
電話　〇三（六四五四）三四〇〇
郵便番号　一一四－〇〇三二
http://www.ozorasha.co.jp

落丁乱丁の場合はお取り替えいたします

ISBN978-4-283-00598-3 C0023 ¥2000E

シリーズ　福祉に生きる

◇収録一覧◇

24 長谷川良信……長谷川匡俊 著
25 山谷源次郎……平中忠信 著
26 安達憲忠……佐々木恭子 著
27 池上雪枝……今波はじめ 著
28 大江　卓……鹿嶋海馬 著
29 生江孝之……小笠原宏樹 著
30 矢嶋楫子……今波はじめ 著
31 山室機恵子……春山みつ子 著
32 山室軍平……鹿嶋海馬 著
33 林　歌子……佐々木恭子 著
34 奥　むめお……中村紀伊 著
35 エベレット・トムソン／ローレンス・トムソン……阿部志郎／岸川洋治 著
36 荒崎良道……荒崎良徳 著
37 瓜生イワ……菊池義昭 著
38 中村幸太郎……桑原洋子 著
39 久布白落實……高橋喜久江 著
40 三田谷　啓……駒松仁子 著
41 保良せき……相澤譲治 著
42 小池九一……平中忠信 著
43 大石スク……坂本道子 著
44 宋　慶齢……沈　潔 著
45 田中　豊／田中寿美子……川村邦彦／石井　司 著
46 萬田五郎……清宮烋子 著
47 吉見静江……瀬川和雄 著
48 川田貞治郎……吉川かおり 著
49 石井筆子……津曲裕次 著
50 大坂鷹司……小松　啓／本田久市 著